Je suis un homme de télévision…
Je suis 8 310 jours à l'animation de
Questions pour un champion
Je suis licencié en 3 minutes
après 28 ans de bonheur
Je suis…
Je suis…

DU MÊME AUTEUR

Les Fautes de français, plus jamais, Michel Lafon, 2011.

Les Mauvaises Manières, ça suffit !, Michel Lafon, 2014.

Julien Lepers

Je suis un homme de télévision
Je suis 8 310 jours à l'animation de
Questions pour un champion
Je suis licencié en 3 minutes
après 28 ans de bonheur
Je suis...
Je suis...

Flammarion

ISBN : 978-2-0813-9435-3

À vous qui avez aimé l'émission,
qui l'avez suivie avec passion
pendant ces vingt-huit années.
Vous avez le droit de savoir
ce qu'il s'est vraiment passé.

PROLOGUE

Je vous dois la vérité

D'emblée, j'ai une vérité à vous révéler.

Je n'ai pas le droit de me plaindre car, jusqu'à maintenant, j'ai eu une vie trépidante et formidable.

J'ai pu, pendant vingt-huit ans, vivre avec bonheur une aventure humaine hors du commun, celle de « Questions pour un champion », et ce, entouré d'une équipe incroyable. Depuis novembre 1988, j'ai donc eu la chance d'animer plus de huit mille trois cents émissions quotidiennes, trois cents prime time et d'accueillir plus de quarante mille candidats dans ce programme qui aura été l'émission francophone la plus regardée dans le monde grâce à TV5 Monde. De tout cela, je suis, vous vous en doutez, extrêmement fier.

Je n'ai pas le droit de me plaindre car j'ai bien conscience d'être un privilégié dans un pays qui souffre.

Je suis un homme de télévision, je suis...

Parmi les 2 millions de téléspectateurs qui regardaient le jeu chaque soir, il y avait, je le sais, de nombreuses personnes sans emploi ou qui connaissaient les pires difficultés pour nourrir leur famille. Pour elles, « Questions pour un champion » était un moment de bonheur, parfois l'un des seuls de la journée, et j'ai eu le privilège de le leur apporter vingt-huit années durant.

Je n'ai pas le droit de me plaindre parce que les lois sociales dans notre pays font que je ne suis pas congédié de cette émission phare sans un centime et que, c'est vrai, mes employeurs vont devoir faire face à leurs responsabilités. Mais moi, je n'avais rien demandé. Je voulais juste continuer à exercer mon métier.

Je n'ai pas le droit de me plaindre car ma carrière ne va pas s'arrêter maintenant. Je fourmille déjà de projets pour les mois et les années qui viennent. De quoi transformer cet accident de carrière en opportunité et, aussi, apprendre beaucoup sur moi, comme sur les autres.

Je suis sans conteste un homme nouveau à l'issue de cette crise. Un homme beaucoup plus lucide sur la nature humaine, d'ailleurs...

Je n'ai pas le droit de me plaindre car j'ai conscience que ce qui m'arrive n'est pas grand-chose comparé à certains drames de la vie. Notamment face à l'épouvantable agression terroriste dont ma ville de Nice a été la victime au soir du 14 juillet dernier. À ces centaines de famille blessées, traumatisées ou privées d'un proche, ma mésaventure doit paraître bien dérisoire...

Je n'ai pas le droit de me plaindre mais... je vous dois la vérité.

Je veux que vous sachiez pourquoi j'ai disparu de l'antenne du jour au lendemain.

Je veux que vous sachiez comment j'ai été traité dans cette affaire (et, avec moi, les téléspectateurs de France 3) par la direction de la chaîne avec la complicité de FremantleMediaFrance [1], la société qui produit « Questions pour un champion », avec la bénédiction aussi de Delphine Ernotte, nouvelle P-DG de France Télévisions.

*

1. FremantleMedia France appartient à FremantleMedia, filiale de production de programmes télévisés créée en 2001 par RTL Group et dont le siège est à Londres. Détenu à 90 % par le groupe d'édition allemand Bertelsmann, RTL Group est l'actionnaire majoritaire du groupe M6.

Si j'écris ce livre aujourd'hui, c'est pour vous expliquer ce qu'il s'est vraiment passé. Pour vous raconter pourquoi je suis parti sans même vous dire au revoir et merci. Vous l'avez compris, cette absence d'adieux est sans doute ce qui m'a le plus blessé, et ce qui me blesse encore aujourd'hui.

Vous avez le droit de savoir comment la direction d'une chaîne du service public est capable de traiter l'un de ses animateurs, fidèle au poste depuis vingt-huit ans. De prendre, à l'abri dans un bureau, une décision qui, au-delà de la question du respect du droit du travail, heurte ma conception du respect humain, mais va aussi à l'encontre des intérêts de l'entreprise elle-même. Entre la perte d'audience vertigineuse du jeu, la chute des recettes publicitaires qui va avec, et les indemnités de licenciement légitimes dues dans un tel cas, l'opération est un non-sens économique pour France 3. Presque un « accident industriel »…

Alors qu'on m'a bien fait comprendre qu'il ne fallait surtout rien dire, qu'il valait mieux – dans mon propre intérêt ! – éviter d'alimenter la polémique, j'ai choisi de tout vous raconter. Car il n'y a aucune raison que vous ne sachiez pas tout cela, la télévision publique appartenant à tout le monde.

Non, je ne suis ni un profiteur ni « un type totalement ingérable ». Je suis juste un salarié qui a fait son travail avec conscience et passion pendant tant d'années – obtenant les résultats que l'on sait – et qui n'accepte pas d'être licencié sans raison, et de cette façon-là.

C'est ce déchirement, cette souffrance, que j'ai voulu exprimer dans la tribune intitulée « À mon corps défendant » publiée le 8 janvier dernier dans le *Huffington Post*. Voilà ce que j'écrivais il y a dix mois. Aujourd'hui, je n'en retranche pas une virgule :

« Je quitte "Questions pour un champion" à mon corps défendant et la mort dans l'âme.

À mon corps défendant car je laisse derrière moi un programme aux audiences élevées, dont j'ai contribué à renouveler la forme et le rythme à plusieurs reprises ; et un public à la fois diversifié (bien plus qu'on ne le croit) et fidélisé. Ce public s'est constitué, autour du jeu et de son animateur, en une communauté humaine véritable et fraternelle.

La mort dans l'âme car une audience, ce ne sont pas que des chiffres. Ce sont aussi des hommes et des femmes, de tous milieux sociaux et culturels, qui m'ont offert vingt-huit années de fidélité et de reconnaissance. Ils sont toute ma vie. Je n'ai jamais été inspiré que par le respect et l'affection que je leur porte. Il ne m'a pas été donné de les saluer avant de partir, pas plus que mon équipe…

Mes pensées vont cependant à France Télévisions et à la société de production de "Questions pour un champion", FremantleMedia. Ils auront été pour moi des partenaires sans qui cette merveilleuse connivence avec le public n'aurait pas été possible. Je souhaite qu'ils réussissent leur pari. Pourtant je redoute qu'en courant après un public jeune plutôt qu'après le véritable public de la télévision, on ne prenne le risque de ne pas rattraper le premier et de perdre le second.

La modernité, ce n'est pas réduire chacun à son genre et à son âge. La modernité, ce n'est pas lisser, banaliser, standardiser. La modernité, ce n'est pas un esprit de système. La modernité, c'est permettre aux spectateurs, quels que soient leur génération, leur rang social ou leurs origines géographiques de s'identifier à notre langue, à notre culture et de s'y retrouver au-delà de leur diversité. Pendant vingt-huit ans, j'ai essayé de devenir entre eux cette sorte de point commun.

On m'a jugé chaleureux, exaspérant, généreux, hystérique, bavard, envahissant, passionné ou excessif mais mes travers, au moins, sont devenus cultes. Je ne peux passer devant un collège sans que des ados négligeant un instant Maître Gims, Bob Sinclar ou leur partie d'Assassin's Creed se précipitent vers moi. Je n'ai pas un public mais des publics. Mon nom est devenu une "marque" et donc un actif de France Télévisions.

Mes publics me retrouveront bientôt là où on m'attend… et aussi là où on ne m'attend pas. Les spectateurs qui m'ont suivi depuis si longtemps font partie de ma vie. Elle continue avec eux et je les en remercie. »

Moi, au lieu de me dire merci, on m'a licencié sans sommation et entre deux portes. Je suis parti de France Télévisions et de FremantleMedia, mon employeur depuis 1988, sans un merci, sans un au revoir. Pas un cadeau, pas un pot de départ, pas un sourire. Rien ! Dehors !

*

Depuis ce matin du jeudi 3 décembre 2015, lorsque la présidente de FremantleMedia, Monica Galer, a fait basculer mon existence en une seule phrase (« La chaîne ne veut plus de toi comme animateur ! »), je l'avoue, je suis bouleversé, perdu. Peu à peu, je me suis rendu compte que ma souffrance était profonde. Que j'étais en morceaux. Je me suis posé nombre de questions. Je suis passé par tellement de sentiments extrêmes : la stupeur, la colère, la déception, la tristesse. J'ai découvert une vulnérabilité que j'avais peut-être rentrée en moi tout au long de ma vie, j'y reviendrai plus loin.

C'est un peu comme un couple qui se déchire après vingt-huit ans de vie commune. Je ressens un tel sentiment d'abandon et pour tout dire de gâchis… Vingt-huit ans pour en arriver là et trois minutes pour tout ruiner. J'ai dû quitter ma fermière de la Creuse et mon postier du Morbihan du jour au lendemain. Vous étiez nombreux à me dire, quand je vous croisais, que je faisais un peu partie de votre famille. Sachez que vous étiez la mienne. Nous avions un lien affectif inégalable.

Presque un an après ce séisme, je sais que ce qui m'arrive révélera un autre homme. Donc cette crise va me tirer vers le haut. Alors, d'une certaine manière, merci, madame Ernotte, merci, madame Hastier, directrice des programmes de France 3 ! Vive Monica Galer !

*

Mais avant de me tourner vers le futur, je veux vous emmener dans les coulisses de mon éviction, je veux vous expliquer comment la direction de France 3 s'est littéralement débarrassée en pleine saison de l'un de ses animateurs vedettes, un salarié dont le seul tort était d'être là depuis vingt-huit ans, de faire partie des (vieux) meubles. Et également, car cela aussi il faut en parler, d'être « un homme, blanc, de plus de cinquante ans ».

Comment n'ai-je pas vu le coup venir lorsque, le 23 septembre 2015, j'ai entendu la toute nouvelle P-DG de France Télévisions déclarer au micro de Jean-Pierre Elkabbach sur Europe 1 : « On a une télévision d'hommes, blancs, de plus de cinquante ans et ça, il va falloir que ça change » ? Le message était pourtant clair mais, sans doute trop insouciant, je n'ai pas compris sur le moment qu'il pouvait m'être notamment destiné…

Je veux aussi vous raconter dans ce livre mes années bonheur, mon parcours de musicien et de compositeur autodidacte, ma rencontre si importante avec Herbert Léonard, ma carrière d'animateur de télévision et de radio (de RMC à RTL, de l'élection de Miss France à « Intervilles » en passant par la finale de l'Eurovision), ainsi, bien entendu, que les grandes heures de « Questions pour un champion ».

Je veux vous dire aussi quelle chance cela a été d'être présent tous les soirs depuis 1988 dans votre téléviseur et donc quel choc cela a été de me voir privé, presque d'une heure à l'autre, et sans aucun ménagement, de ma plus grande passion, et de vous, ma seconde famille.

Je ne sais pas si cette vilaine plaie guérira un jour mais vos nombreux messages, démontrant que vous ne m'oubliez pas et que, pour certains, je vous manque chaque soir, m'ont déjà beaucoup rasséréné. Ces pages sont donc aussi, pour moi, une manière de vous remercier de votre fidélité et de votre affection qui me touchent tant. Ce que je n'ai jamais pu faire auparavant.

Chapitre 1

Jeudi 3 décembre 2015, 11 h 15

Haute trahison

On n'est jamais trahi que par les siens, dit un proverbe du XIVe siècle. Moi, en cette fin de journée de tournage dans les studios de la Plaine Saint-Denis, je ne me doute de rien. Nous sommes le mercredi 2 décembre 2015 et nous venons de finir notre dernier marathon de la saison en enregistrant pendant sept jours d'affilée, soit quarante-deux émissions quotidiennes. De quoi remplir l'antenne jusqu'au 20 février suivant.

Parmi l'équipe de « Questions pour un champion », l'ambiance est déjà aux vacances de Noël. Dans la salle attenante à notre studio, des membres de la production ont installé des boissons et quelques biscuits apéritif pour un pot qui doit à la fois marquer la fin de la session de tournage, l'approche des vacances et la fin de l'année. On arrose aussi le changement de studio puisqu'on vient de m'apprendre une bonne nouvelle : la prochaine fois, nous n'enregistrerons plus à la Plaine Saint-Denis mais sur de nouveaux plateaux installés au Pré-Saint-Gervais. Et, m'explique-t-on, j'aurai là-bas « une loge magnifique et une place de parking ». Je suis content.

Tout le monde trinque avec tout le monde. Malgré la fatigue, les sourires sont de sortie et je ne devine rien. Il y a là une cinquantaine de personnes en tout. Et parmi elles, trois ou quatre qui, je le découvrirai plus tard, savent très bien que je viens d'enregistrer la dernière de mes huit mille trois cent dix émissions ! Loin de ces intrigues dont j'ignore tout, je m'apprête juste à profiter de cette coupure bien méritée d'environ un mois et demi.

En effet, ce soir-là, je suis vraiment crevé : sept jours d'enregistrements non stop, c'est beaucoup, d'autant que je me donne à fond évidemment. En plus, avec Marjolaine, mon assistante, nous avons dû préparer tous les cartons de costumes, de bouquins, de documentations pour vider ma loge. En partance pour le Pré-Saint-Gervais.

Ce 2 décembre 2015, je ne perçois aucun signe avant-coureur, aucune réflexion bizarre, aucun sous-entendu, rien. Quand je quitte le studio vers 21 heures pour rentrer chez moi, je ne peux donc envisager une seconde l'ouragan qui va s'abattre sur moi dès le lendemain matin…

*

Deux jours avant la fin de ce marathon, dont je ne sais pas encore qu'il sera le dernier que je courrai sous la bannière France 3, j'ai reçu un coup de fil de Monica Galer, la présidente de FremantleMedia France, la société qui produit le jeu en France depuis sa création en 1988. Monica me dit juste : « Ce serait bien qu'on se voie. Il faut qu'on se parle… » Bien sûr, je ne me méfie pas et je lui dis que je suis en plein enregistrement jusqu'au surlendemain. Elle répond : « Eh bien, voyons-nous quand tu auras terminé le jeudi 3 au matin ! Rendez-vous dans mon bureau à 11 heures… »

Je comprendrai plus tard que tout cela avait été particulièrement bien calculé et planifié. À part pour les vacances d'été, il était très rare que les coupures soient si longues… Un mois et demi d'interruption et quarante-deux émissions en boîte, ça laissait le temps de choisir et de briefer un nouvel animateur, de changer de décor avant la reprise des enregistrements !

Arrive ce fameux matin du jeudi 3 décembre et mon rendez-vous avec ma présidente qui semble si impatiente de me parler.

Il y a des embouteillages dans Paris et j'atteins avec quinze minutes de retard le siège de FremantleMedia, rue Vivienne dans le 2e arrondissement. Je lui demande de bien vouloir m'excuser. Elle est accompagnée de Roxane Rouas, la directrice générale de FremantleMedia, et me répond : « Non, non, c'est pas grave. Moi, il faut que je parte chez le médecin tout à l'heure et je sais bien qu'on circule mal en ce moment dans Paris… »

Monica marque une pause et se lance, l'air soucieux : « Tu sais, Julien, je me suis réveillée à quatre heures du matin cette nuit, j'ai pensé à toi. J'ai tourné et viré dans mon lit… Je ne savais pas comment j'allais t'annoncer ça… »

Je ne comprends pas une seconde où elle veut en venir, je vois qu'elle est mal à l'aise mais je ne me doute toujours pas du cataclysme qui m'attend. Jusqu'à la phrase fatidique. Jusqu'à cette condamnation sans appel : « Voilà, je te le dis quand même… je suis bien obligée : la chaîne ne veut plus de toi comme animateur ! »

C'est la phrase exacte qu'elle prononce : « La chaîne ne veut plus de toi comme animateur ! » Neuf mots qu'elle m'envoie comme neuf balles dans la peau. À bout portant.

Heureusement, je suis assis. Dans la seconde qui suit, tout se mélange dans ma tête. Ce sont vingt-huit ans de ma vie qui s'écroulent et ça fait un vacarme effroyable. Cette information incroyable a un effet dévastateur sur moi.

Je comprends immédiatement que, la veille au soir, j'ai enregistré la dernière de mes huit mille trois cent dix émissions et que je ne le savais pas ! Je réalise en même temps qu'on m'a empêché de dire au revoir à mon équipe. Cinquante personnes avec lesquelles j'ai passé de nombreuses années. Dont Olivier Baudoin, l'un des réalisateurs, avec lequel j'avais enregistré ma toute première émission en novembre 1988 !

Je m'aperçois aussi que je n'ai pas pu dire au revoir au public installé dans les gradins du studio, dont certains sont des habitués qui adorent le jeu, l'ambiance. Et surtout que je n'ai pas pu saluer les 2 millions de téléspectateurs qui suivent régulièrement le programme. Et je ne parle pas de tous ceux qui nous regardaient chaque jour sur TV5 Monde.

Groggy, je me dis que ce n'est pas possible ! Il marche très bien, ce jeu. Un peu plus tard, quand je regarderai les audiences, je verrai que nous faisions entre 1,7 et 2 millions de téléspectateurs tous les jours à 18 heures ! 1,8 million même la veille de ce rendez-vous, le 2 décembre au soir et 2,272 millions le 21 décembre… Alors qu'il y a vingt-cinq chaînes, c'est fort ! « Questions pour un champion » était chaque jour deuxième ou troisième en audience sur sa tranche !

*

Il est 11 h 20 à peine et je comprends aussi en quelques secondes que tout a été organisé, qu'on m'a bien laissé enregistrer ma dernière émission après vingt-huit ans de jeu en faisant tout pour que je ne le sache pas. Je me retrouve dans ce bureau licencié en neuf mots. Foudroyé, pulvérisé, décapité.

Face à Monica Galer, je prends peu à peu conscience de tout, de la mécanique qui a été mise en place pour se débarrasser de moi ! Et de cette préméditation qui me paraît tellement honteuse.

Bien sûr, Monica qui me voit sous le choc joue un rôle bien hypocrite. Elle fait la gentille : « Mais tu verras, Julien, ça se passera bien… Tu sais, ça vient de Dana Hastier [la directrice des programmes de France 3]. J'ai essayé de te défendre mais je n'ai rien pu faire. On est obligé de faire comme ça… »

On s'en doute, je ne lui facilite pas la tâche et je ne lui réponds rien…

Quelques minutes après, elle part pour son rendez-vous de médecin et me laisse seul avec Roxanne Rouas. Trop heureuse de sortir de ce bureau et de s'être débarrassée de la sale besogne.

Me sentant soudain comme un étranger dans ce lieu pourtant si familier, je suis abasourdi. Sidéré comme on dit. Et ce n'est qu'un début parce que très vite, je vais comprendre en outre que plusieurs membres de mon équipe le savaient depuis un mois et demi et que certains avaient organisé dans mon dos des castings d'animateurs pour me remplacer [1]. Et que, bien sûr, tout à été fait pour que,

1. Dans une interview publiée le 22 février 2016 par le site Toutelatele.com, Samuel Étienne, le remplaçant de Julien Lepers, confirmera qu'il a bien été contacté par FremantleMedia « à la fin de l'automne 2015 » pour passer des tests pour un jeu « totalement différent de "Questions pour un champion" », qu'il a ensuite été rappelé cette fois par France 3 « en fin d'année » : « Pour me dire que Julien Lepers passait la main à "Questions pour un champion", et pour me proposer de prendre sa succession. »

surtout, je ne m'aperçoive de rien. De peur que je ne fasse trop de vagues !

Un peu après alors que Roxane Rouas m'a, à son tour, laissé seul dans la pièce, je vois arriver Laure Chouchan, une des directrices exécutives de FremantleMedia que je connais très bien. Je lui dis : « Tu sais ce qui m'arrive ? » Elle semble tout découvrir : « Non, non, pas du tout Julien, qu'est ce qui se passe ?… »

Je demande à parler à Franck Michel qui est la personne la plus proche de moi dans le staff de « QPUC », elle me dit qu'il n'est pas là, qu'il est en route… elle se mélange les pinceaux dans ses explications, je réalise que tout a été prémédité et qu'ils sont dans le coup. Qu'ils ont organisé, la chaîne et eux, un scénario particulièrement sophistiqué.

Pour moi, c'est une trahison de haut niveau. J'ai été floué, totalement trompé par certains de mes plus proches collaborateurs… J'ai la tête qui tourne, le cœur gros. Je n'en peux plus. Je veux sortir d'ici…

Je descends dans la rue après avoir demandé qu'on m'appelle un taxi et je me revois partir tout seul. Et là, je pense : « Oh là là, ça va être puissant quand les médias vont apprendre ça... » Je devine à cet instant que le cauchemar ne fait que commencer.

*

Installé dans le taxi, je suis complètement sonné. Je me demande si tout ça est bien réel. Hélas, je n'ai pas rêvé. Je suis bel et bien viré en plein milieu de la saison ! Comment un tel complot aurait-il pu être fomenté durant des semaines sans que personne ne m'avertisse ? La tristesse m'envahit...

En premier, je préviens mon fils Guillaume et ma fille Lorraine par téléphone. Ils n'en reviennent pas tous les deux. « Mais pourquoi, papa ? » Ils ne comprennent pas. Comment peut-on stopper comme ça un programme qui rassemble autant de monde, entre 1,7 et 2 millions de téléspectateurs tous les soirs ? Je sais qu'en fait je suis licencié sans raison, enfin, sans raison avouable. Comment peut-on dire à quelqu'un : « Monsieur, vous êtes là depuis vingt-huit ans, alors dehors et place aux jeunes » ?

Ce soir-là, je dîne seul chez moi et, toute la soirée, je tente inlassablement de reconstituer le film des événements. J'essaye de voir ce qui m'a échappé, de comprendre les erreurs que j'ai pu commettre. Je retrace ces vingt-huit ans de bonheur et de labeur. Et je repense forcément à l'avertissement lancé par Delphine Ernotte fin septembre sur l'antenne d'Europe 1, à son jugement apparemment sans appel sur les « hommes, blancs, de plus de cinquante ans » qui seraient trop nombreux sur les antennes de France Télévisions. « Et ça, il va falloir que ça change », avait-elle ajouté. Dix semaines plus tard, me voilà licencié. Elle n'aura pas perdu de temps.

Bien entendu, je vais mettre des heures à trouver le sommeil malgré l'aide de la phytothérapie, médecine par les plantes, que j'utilise depuis quelques mois. Tout cela est si soudain, si violent, si injuste…

CHAPITRE 2

La solitude, ça existe

Je suis un enfant d'artistes. Un enfant de la balle comme on dit. Mon père, Raymond Lepers, était un grand chef d'orchestre, pianiste et orchestrateur de jazz, et ma mère, Maria Rémusat, ce que l'on appelait une « chanteuse réaliste ». Et à tous mes copains d'école qui me disaient, des étoiles dans les yeux, que j'avais trop de chance, j'avais envie de répondre qu'ils n'imaginaient pas la longue traversée solitaire qu'était mon enfance.

De concerts en tournées, mes parents sillonnaient ensemble l'Europe et la France. Pas de place pour des enfants dans cette vie d'artistes. Ma sœur Carole et moi avons été élevés par d'autres, d'abord par deux nourrices, ma marraine et sa maman, puis dans des pensionnats. Loin de la chaleur et de l'amour d'un foyer familial comme ceux que connaissaient la plupart de mes camarades.

À l'époque, je m'appelle Ronan Lepers, un prénom breton qui d'ailleurs est revenu à la mode. Et c'est seulement en arrivant à RMC en 1973, après avoir gagné un concours pour animer le « Hit-Parade », qu'on me dira : « Mais Ronan, ça ne fonctionne pas bien, on ne sait pas si c'est Raymond, si c'est Roland, il faudrait que vous choisissiez un autre prénom qui sonne mieux à l'antenne… » Alors j'ai ouvert une page au hasard dans le dictionnaire et c'est tombé sur Julien !

*

Mon père Raymond Lepers a été, dans les années 1950-1960 un grand chef d'orchestre de jazz et un excellent pianiste. Il avait l'habitude de me dire : « Je suis plus précoce que Mozart, Mozart a joué à quatre ans, moi, à trois ans et demi ! » Au fond, je pense qu'il ne plaisantait qu'à moitié. Comme il a longtemps hésité entre l'architecture et la musique, il jouait du piano tous les soirs dans des cabarets pour payer ses études aux Beaux-Arts de Paris. Mon père était très jazz. Il était en adoration devant le célèbre compositeur américain George Gershwin, auteur de très nombreux succès dont *The Man I Love, Rhapsody in Blue* écrite en cinq semaines en 1924, *Un Américain à Paris* en 1928, *Summertime* extrait de son opéra *Porgy and Bess* en 1935… Lui aussi a composé des airs magnifiques. Une dizaine de chansons majeures que je garde précieusement. Jamais je n'aurai son talent. Après, dans une carrière, tout est affaire de rencontres, aussi.

Avec son orchestre, il a aussi accompagné Georges Ulmer, un grand auteur-compositeur-interprète de l'après-guerre. Trois ans de tournée avec lui au début des années 1950. Un immense artiste, Georges Ulmer. Un soir, je rencontre Charles Aznavour à l'aéroport de Genève et on fait tout le voyage vers Paris ensemble. Pendant le vol, je lui demande : « Charles, quelle est la personne qui, dans votre carrière, vous a le plus inspiré ? » Sans hésiter il me répond : « De très loin, c'est Georges Ulmer ! La façon dont il entrait en scène, dont il occupait l'espace… » Donc mon père a été chef d'orchestre, pianiste et orchestrateur de toutes les chansons de cette figure majeure de la musique.

Il a aussi travaillé, et tourné, deux ans avec la star américaine Paul Anka. À la grande époque, à la fin des années 1950, avec notamment l'énorme succès de sa chanson *Diana*, qui se vendra à 9 millions d'exemplaires dans le monde et aussi de *Put Your Head on My Shoulder.*

Ma mère, Maria Rémusat, était chanteuse et c'est comme ça qu'ils se sont rencontrés. Elle était comédienne aussi et a joué à Londres dans *L'Opéra de quat'sous* de Bertolt Brecht. Mais surtout elle chantait, essentiellement des chansons d'amour. Elle a commencé sa carrière dans les cabarets de la rive gauche à Paris. Elle reprenait des chansons de Gilbert Bécaud comme *Le jour où la pluie viendra* en 1957, d'Henri Salvador, de Charles Aznavour, de Pierre Delanoë ou de Boris Vian. Elle a fait un tas de galas et de tournées accompagnée par mon père et son orchestre. Au Liban, à Varsovie, en Turquie.

Un jour le grand parolier Pierre Delanoë m'a invité à déjeuner à la Sacem dont il était devenu président. Pierre a écrit quelques-uns des plus grands tubes de la chanson française comme *Et maintenant* ou *Nathalie* pour Gilbert Bécaud, *Les Champs-Élysées* ou *L'Été indien* pour Joe Dassin, *Le Bal des Laze* pour Michel Polnareff, *Fais comme l'oiseau* pour Michel Fugain, *La Ballade des gens heureux* pour Gérard Lenorman ou *Les Lacs du Connemara* et *Le France* pour Michel Sardou. Et tellement d'autres encore. Ce midi-là, il m'a dit : « Tu sais, Gilbert Bécaud, moi, on était tous amoureux de ta mère. C'était une des plus belles femmes de Paris. Mais elle n'avait d'yeux que pour ton père... »

*

Profitant de l'euphorie de ces années d'après-guerre, mes parents vivaient leur histoire d'amour et de musique sur les routes et dans les plus grands music-halls. Le revers de la médaille, c'est que ma sœur, qui est deux ans plus jeune, et moi, nous avons eu une enfance très dure. Il n'y avait pas de place pour nous dans leur vie artistique. Nous avons été marqués par cette période difficile où nous étions un peu délaissés. Plus tard, c'est ce sentiment d'abandon et cette grande solitude qui me pousseront vers la musique. Comme un refuge ! Une thérapie.

Je sais bien que ça ne voulait pas dire que nos parents ne nous aimaient pas. Mais, disons que leur vie était ailleurs. Et, comme l'a écrit le poète Pierre Reverdy : « Il n'y a pas d'amour, il n'y a que des preuves d'amour... » Imaginez-vous que je n'ai pas de souvenirs de mon père avant l'âge de quatorze ans ! Aucun !

Depuis que nous sommes tout petits, ma sœur et moi nous sommes placés chez deux nourrices qui sont Mireille, ma marraine, et sa mère Marie-Rose que j'appelais Tatie. Je vis chez elles, heureux, au gré des mutations de Tatie qui est institutrice dans des écoles privées catholiques, le plus souvent dans le Loir-et-Cher. Nos parents, qui habitent Paris, viennent très peu nous voir. À une époque – et c'est là que j'ai mes premiers souvenirs –, nous sommes à Saint-Dié dans les Vosges et je vais à l'école Sainte-Marie dans les petites classes. C'est en 1954-1955, et Pierre Mendès France, alors président du Conseil, a instauré une distribution de lait chaud aux enfants dans les écoles au moment de la récréation afin de lutter contre la malnutrition. Je me souviens que le lait arrivait dans de gros récipients en alu et qu'on remplissait notre bol de lait avec de grandes louches.

*

Puis du jour au lendemain, en 1963, mon père se rappelle qu'il a un fils et il me retire de chez Marraine et Tatie. Moi, j'ai quatorze ans et je considère ma marraine comme ma mère. Tout d'un coup, je suis arraché à ce foyer-là, à ces deux femmes que j'aime tellement et qui me donnent beaucoup d'amour. C'est un déchirement terrible. Je viens de passer douze ans avec elles, douze années de petite enfance si importantes pour la construction d'un individu. J'en ai beaucoup voulu à ceux qui m'ont arraché comme ça à tant d'affection, c'est-à-dire mon père et ma mère.

Ma marraine aussi était désespérée mais j'étais en pension chez elle et il n'y avait pas moyen qu'elle lutte pour me garder. Je me souviens du moment où elle m'annonce que sa mère et elle vont me mettre dans le train pour partir à Antibes chez mes parents. « Mais ne t'inquiète pas, on va se revoir », dit-elle de suite en me serrant fort dans ses bras. Croyant sans doute me consoler. Il y a des effusions de pleurs terribles. Pendant des heures. Une peine immense. Je peux vous dire que ça marque.

En plus, la vie est ainsi faite qu'ensuite on s'est revu difficilement. On s'est même complètement perdu de vue pendant plusieurs dizaines d'années avant qu'un jour je fasse appel à un détective privé pour la retrouver. Je n'avais aucune nouvelle, et mes parents encore moins, mais le détective les a localisées dans le Val-d'Oise à Persan-Beaumont au nord de l'Isle-Adam. Elles n'avaient jamais cessé de vivre ensemble, étant inséparables. Mère et fille pour la vie.

J'y suis donc allé tout seul en voiture, le cœur battant. Elles étaient tellement contentes de me revoir. Elles avaient beaucoup changé, forcément, et vivaient dans un dénuement total. Dix jours après, Tatie décédait. Comme si elle avait attendu de me revoir avant de partir.

J'ai fait en sorte qu'elle puisse être enterrée au cimetière marin de Sète, ville dont elle était originaire. Ensuite, je me suis beaucoup occupé de ma marraine jusqu'à sa mort. Ces retrouvailles ont été difficiles parce qu'elles survenaient trop tard. Trop d'années avaient passé…

*

Donc, en 1963, je suis arraché à mes nourrices et j'arrive chez des gens que je ne connais pas : mes parents. Qui en plus vont divorcer deux ans après, ce qui n'arrangera rien…

Et je découvre une famille qui n'est composée que d'étrangers pour moi. Ma grand-mère paternelle, la sœur de mon père, Gisèle. J'ai beaucoup de mal à m'habituer, je pleure souvent. J'arrive dans ce foyer où on ne me connaît pas trop. Et je sens bien que je ne suis pas aimé tout de suite. On me donne des ordres, je ne sais pourquoi. Le manque d'argent lié au divorce et tout ce qui en découle n'arrange rien. Je n'ai jamais vraiment su ce qu'il s'était passé entre mes parents. Toujours est-il que je reste avec mon père et que ma sœur nous rejoint seulement deux ou trois ans plus tard.

Je revois peu ma mère mais régulièrement. En vérité, elle n'est pas demandeuse. Elle pense beaucoup à elle, c'est une artiste et sa carrière passe avant tout. En tout cas, bien avant ma sœur et moi. D'ailleurs, un jour, elle me l'a dit : « Je n'aime pas les enfants ! » Pour mon père et elle, les enfants devaient être élevés à la dure, à l'anglaise, et surtout ne pas gêner. Le peu de souvenirs que j'ai avec ma mère ne sont donc pas terribles. Heureusement, j'avais pu reporter tout mon amour sur Mireille, ma marraine et en fait ma vraie maman.

À l'époque, j'imaginais que ma mère avait été marquée par sa propre histoire familiale. Elle était la fille du peintre Claude Rémusat, mon grand-père, que je n'ai hélas jamais rencontré, l'un des grands regrets de ma vie. C'était un très bon peintre qui a connu Kees van Dongen, Raoul Dufy, Maurice Vlaminck. Mais il avait divorcé de ma grand-mère et s'était remis avec une autre femme qui a tout fait pour que mon grand-père n'ait plus aucune relation avec sa première famille.

Et lui a été trop faible pour imposer à sa nouvelle compagne de conserver des liens avec sa fille.

Ma mère m'a raconté qu'un jour elle marche dans Paris derrière quelqu'un dont elle reconnaît la démarche. Elle le dépasse et se plante face à cette personne qu'elle n'a plus vue depuis des décennies et lui dit : « Bonjour, tu ne me reconnais pas ? » « Non, je ne vous reconnais pas… » « Je suis ta fille. » « Ah oui, Maria, oui… » « Tu veux qu'on parle un peu ? » « Oui, oui, si tu veux… » Il lui explique sur un ton presque distant qu'il va à la pharmacie acheter des médicaments pour son cœur. Elle l'accompagne vers l'officine et lui demande : « Mais je ne te manque pas ? » Et son père lui répond : « Ah bah, euh, je ne sais pas… » Complètement détaché, un dialogue surréaliste. C'était peut-être cette génération qui voulait ça, il était né en 1896. Pas d'affection, pas d'affect.

Moi, je ne saurais pas où sont mes enfants, ce qu'ils deviennent ne serait-ce que quelques jours, je serais très très mal. Lui, avait perdu tout contact avec sa propre fille pendant des dizaines d'années et paraissait indifférent. Ma mère avait même des demi-frères et des demi-sœurs qu'elle n'a jamais vus !

*

Forcément, vivre cela l'a beaucoup marquée. Et c'est comme si elle avait reproduit le même schéma avec ses propres enfants. J'ai pâti de ce passé, beaucoup. Aussi j'ai refusé d'agir de même avec mes enfants. Plutôt deux fois qu'une, j'ai décidé de casser le moule ! D'autant que j'ai été élevé vraiment à la dure. Mes parents n'étaient pas des gens démonstratifs, ni des affectifs.

Personnellement, j'ai eu une forme de résilience comme on dit aujourd'hui. Sans doute cette enfance-là m'a donné envie de me battre, de faire des choses sans cesse. Encore aujourd'hui, je suis toujours en éveil, je vais de rendez-vous en rendez-vous, toujours dans l'action, toujours un projet en tête ! Je pense que j'ai développé, au fil de cette enfance, livré à moi-même, un puissant instinct de vie et de survie. Et aussi le sentiment de ne pouvoir compter que sur moi-même. De quelque côté que je me tourne, j'ai toujours dû compter sur moi et moi seul. Avec l'impression que si je ne fais rien, tout va s'arrêter.

Avec aussi l'envie de réussir, de prouver que j'allais m'en sortir. Quand on a souffert du manque d'intérêt de ses parents, je pense qu'inconsciemment on essaye de renverser des montagnes afin de leur prouver que l'on vaut quelque chose, qu'ils se sont bien trompés en passant à côté de leur enfant…

Ma quête, tout au long de ma carrière, ne sera pas celle de l'argent, ce ne sera pas la célébrité ou le pouvoir, mais la reconnaissance. J'ai toujours eu, au fond de moi, un besoin d'amour exacerbé. Parce que j'en ai terriblement manqué. Oui, j'aime être sur le devant de la scène, sous les projecteurs ! Oui, je veux faire de l'audience, oui je veux être regardé par le plus grand nombre, regardé et apprécié, à travers un concept d'émission qui respecte le téléspectateur et lui apporte du savoir, de la connaissance et du plaisir. On me dit que je suis un bateleur ? Mais j'assume ce mot. Si vous n'êtes pas bateleur, vous ne tenez pas vingt-huit ans à l'antenne. Si vous n'êtes pas bateleur, vous ne rassemblez pas 2 millions de téléspectateurs chaque soir…

Sans doute ce qui est arrivé avec Fremantle-Media et France 3, cette sensation d'être une nouvelle fois arraché du jour au lendemain à une famille, celle de « Questions pour un champion », à mon équipe, à mes téléspectateurs, est-il entré en résonance avec mes blessures d'enfance. D'où l'intense souffrance qui a été la mienne…

*

Je me suis rapproché de mon père un peu avant sa mort, en décembre 2012. Mais il était difficile de dialoguer avec lui. Il avait raison sur tout, ne m'écoutait pas. La discussion a toujours été compliquée avec lui et je pense que, jusqu'à la fin, il n'a pas pu, il n'a pas su m'exprimer ses sentiments. Je pense qu'il m'aimait, bien sûr, mais il n'a jamais su ni le dire ni le montrer.

Je me souviendrai toute ma vie de ma fille Lorraine qui, un soir à table au restaurant, alors qu'elle avait dix-neuf ans, demande à mon père : « Mais papy, pourquoi tu n'as jamais dit à papa que tu l'aimes ? » J'avais raconté ça à ma fille un peu avant et ça l'avait étonnée parce que, précisément, je lui dis tout le temps que je l'aime, que je l'adore, peut-être trop d'ailleurs. Et mon père a répondu : « Mais non pas du tout, ton père, je l'aime beaucoup… »

Bien sûr, il y a la pudeur de cette génération d'hommes. Dont je connais des tas d'exemples autour de moi. Mais ce silence choque mes enfants. Comme il me fait de la peine aujourd'hui encore à chaque fois que j'y repense.

Tout comme j'ai eu un chagrin immense lorsque mon père est décédé le dimanche

7 décembre 2014. J'ai compris soudain qu'il n'était plus là et que, cette fois, c'était fini, nous ne pourrions jamais nous dire certaines choses…

Les obsèques du lundi suivant ont été très émouvantes. Tout d'abord à la cathédrale d'Antibes, sa ville qu'il aimait profondément. N'avait-il pas été l'architecte des premiers immeubles du quartier de la Salis et ne s'était-il pas produit en tant que pianiste lors du tout premier festival de jazz d'Antibes-Juan-les-Pins début juillet 1960 ? À la même affiche que Charlie Mingus et Dizzie Gillespie ? Puis nous nous sommes rendus dans le cimetière de Rabiac, à Antibes, pour l'accompagner dans sa dernière demeure. En posant ma main gauche sur son cercueil juste avant la mise en terre, j'ai tenu, moi son fils, à lui dire simplement que j'étais fier qu'il ait été mon père et que je l'aimais.

Chapitre 3

Lundi 14 décembre 2015, 10 h 30

L'exécution

Au réveil ce vendredi 4 décembre, je mets quelques secondes avant de reprendre contact avec la réalité. Puis la tristesse m'envahit. Et tellement d'incompréhension aussi.

En fin de matinée, je reçois sur mon portable un message d'Emmanuel Garcia, le responsable des jeux de France 3, qui me dit que Dana Hastier, sa directrice des programmes, souhaite me voir… Comme je suis sous le coup de l'émotion, de la colère, de l'épuisement, enfin d'un sacré mélange de sentiments assez extrêmes, je laisse passer huit jours avant de lui répondre. Pendant ce temps-là, j'essaye de digérer tout ça ou en tout cas de me faire à l'idée, tout simplement. Je sais que c'est irréversible. Il n'y a aucune raison pour que la direction de la chaîne change d'avis.

Quelques jours plus tard, j'accepte de rencontrer Dana Hastier dans les locaux de France Télévisions. Je n'étais pas obligé d'y aller. Sachant qu'elle a décidé de me licencier, c'est quand même un peu masochiste de ma part d'accepter ce rendez-vous... Je téléphone à Emmanuel Garcia et on fixe la rencontre au lundi 14 décembre à 10 h 30. Au moins, cette fois, je sais à quoi m'attendre. Plus question de surprise du chef.

En fait, je crois qu'à cet instant-là j'ai envie d'aller jusqu'au bout de cette histoire. J'ai envie d'entendre une explication de la bouche même de la principale responsable.

À 10 heures 30 précises, un assistant vient me chercher au pied des ascenseurs dans le grand hall de France Télévisions et j'arrive au sixième étage dans le bureau de Dana Hastier qui m'attend juste derrière sa porte en arborant un sourire figé.

*

Bien coincée, elle me dit : « Bonjour ! » Je lui réponds naturellement : « Bonjour, madame Hastier, comment allez-vous ? » Emmanuel Garcia assiste au rendez-vous. Je lance la discussion sur un ton très ironique :

— Alors ? J'écoute, madame Hastier...

Je ne suis pas déçu par son entrée en matière. Sans fioriture ni fausse politesse, la patronne de France 3, qui a la réputation d'être une femme autoritaire et ambitieuse, va droit au but. Elle cogne même très fort...

— Toutes les études montrent que vous avez un problème d'image. La moyenne d'âge des téléspectateurs du jeu est de soixante-neuf ans. C'est au-dessus de la moyenne de la chaîne [1]. Pour moi, il faut qu'on change d'animateur. Et je pense que ce serait bien que vous disiez que c'est votre décision !

Elle n'a pas perdu de temps. Pas de blabla, pas de sentiments... Me voilà condamné et fusillé en cinq phrases et quinze secondes chrono. Et en plus, elle me demande de dire que tout cela vient de moi, que c'est mon choix. Je n'en crois pas mes oreilles...

— Pardon ? Est-ce que vous pouvez répéter ça ?

— Je pense que c'est mieux pour vous. Si vous avez envie de faire d'autres choses sur d'autres chaînes...

1. D'après Dana Hastier, interrogée le 16 avril 2016 dans l'émission « Le Tube » de Canal +, la moyenne d'âge des téléspectateurs de France 3 serait alors de 61,4 ans.

Voilà, on y vient. Elle me flingue au détour d'un couloir mais je dois surtout, et le message est très clair, me taire si je veux encore espérer travailler à la télévision…

— Bien sûr, je me fais licencier en pleine saison, sans aucune raison valable, et vous me demandez en plus de dire que la décision vient de moi…

— Ce n'est pas un licenciement puisque vous n'êtes pas salarié de France Télévisions…

À ce moment, je comprends que je vais avoir droit à une vilaine partie de ping-pong entre France 3 et FremantleMedia. Chacun me dit que c'est l'autre qui ne veut plus de moi et qui va devoir me licencier. Personne ne paraît vouloir assumer les conséquences de cette décision. Je suis écœuré…

— Madame Hastier, vous me licenciez et sans raison précise…

Vite agacée par ma résistance, la directrice de l'antenne de France 3 balance une liasse de papiers en travers du bureau. C'est une étude qualitative sur le bloc Jeux de France 3 et notamment sur « Questions pour un champion »…

— Tenez, lisez ça, vous verrez si ce n'est pas précis…

Et la voilà qui m'explique que « Fremantle-Media a prévu une somme coquette » pour moi et qui essaye de me convaincre que « tout de même, après vingt-huit ans, c'est normal de changer, non ? » Je sens la colère qui monte. Je me contiens. Ils ne m'auront pas comme ça !

— Écoutez, ça fait trente-trois ans que je travaille pour France 3 et je vois bien que je suis tricard depuis que vous êtes arrivée. Moi, votre étude, je n'y crois pas une seconde. Je peux en commander trois autres qui prouveront le contraire. C'est-à-dire que l'animateur, il faut absolument le garder. Regardez les audiences, on fait entre 1,7 et 2 millions de téléspectateurs tous les soirs… Où est le problème, madame Hastier ? Franchement, je ne vois pas où est l'accident industriel !

*

Silencieux jusque-là, Emmanuel Garcia sent qu'il doit venir au secours de sa patronne et m'explique qu'il n'y a pas que les scores d'audience qui comptent mais aussi « la perception du public »… Sous-entendu, la perception du public de l'animateur de « Questions pour un champion » que je suis.

Alors parlons-en, de la fameuse étude que Dana Hastier m'a balancée en travers de son bureau et qui, en cette fin 2015, rendrait mon remplacement si urgent pour l'avenir de France 3. D'abord, elle date d'octobre 2014 et c'est la même que celle qu'elle m'avait brandie un an plus tôt pour me retirer les émissions du dimanche. Elle s'intitule : « Rapport qualitatif. Analyse du bloc Jeux » et a été réalisée par la société Think Out. En tout et pour tout une douzaine de pages écrites très très gros.

Quatre groupes de téléspectateurs ont apparemment été interrogés à Dijon et Bordeaux. Deux groupes de cinquante-sept à soixante-quatre ans et deux de soixante-cinq à soixante-quinze ans. Combien sont-ils en réalité ? On ne sait pas ! Quelles questions leur ont vraiment été posées ? On ne sait pas ! Impossible de le deviner à la lecture du document. On y découvre page 7 le portrait-robot du bon animateur de jeux sur France 3 : il doit être simple, naturel et accessible, léger et sachant faire preuve d'humour, sympathique, bienveillant et proche des candidats, à l'aise, détendu et spontané, dynamique et donnant de la vie à l'émission. Rien jusque-là qui semble me condamner à prendre la porte ! Je me reconnais même plutôt dans cet animateur idéal d'un jeu sur la chaîne…

Arrive ensuite la partie sur la perception de « Questions pour un champion ». Avec, page 9, un titre assez définitif : « Une institution moins fédératrice que par le passé ! » Et aucun verbatim sérieux pour étayer ça. Juste deux nuages de mots de taille variable selon qu'ils ont été beaucoup ou peu utilisés par les fameux « sondés ». Dans le nuage « positif », les mots les plus gros sont « rythmé », « culture G », puis « connaissances », « intéressant », « prenant », puis en plus petit, « suspense », « populaire » et « fédératrice ». Suit le nuage des mots négatifs avec en (très) gros, « froid », « too much » (manque la traduction en français…), « show », « bruyant » « démotivé », « lourd ». La cible est claire : l'animateur du jeu serait donc un gros lourd too much et bruyant qui fait son intéressant en se moquant bien des candidats et des téléspectateurs. Un peu court comme démonstration, vous l'admettrez. Quand on veut tuer son chien…

Viennent ensuite deux pages sur le jeu lui-même qui insistent sur le fait que « Questions » « dispose encore de vrais atouts pour séduire le public », que « sa mécanique est d'une efficacité toujours aussi redoutable ».

Puis la page 12 qui précise bien que l'animateur actuel, donc moi, est « emblématique de l'émission », et que « sa personnalité et son style bien connus en font une véritable institution ». L'étude souligne « un dynamisme qui fait vivre l'émission », « une vraie légitimité pour animer un jeu culturel », « des attitudes emblématiques et des répliques cultes qu'on assimile spontanément » au jeu, « une diction exemplaire indispensable à l'efficacité du jeu ». Voilà qui pourrait ressembler à un satisfecit...

Mais, mais, mais, surgit la page 13, la bien nommée : « Néanmoins, une dimension "show" qui a tendance à prendre le pas sur le jeu ». Avec un joli panneau « danger » en couleurs et des affirmations qui ne sont étayées que par une ou deux phrases : « Des attitudes perçues comme plus exubérantes que par le passé et qui semblent un peu surjouées » et « des téléspectateurs de France 3 qui ont plus de mal à s'immerger dans le jeu ».

Page suivante, l'en-tête indique que « les téléspectateurs ont par ailleurs le sentiment que l'émission est moins conviviale que par le passé ». Suit une phrase en rouge : « Les téléspectateurs ont l'impression que Julien Lepers est aujourd'hui moins impliqué dans le jeu ». Là, je serais, selon les sondés,

« moins proche des candidats qu'auparavant », et (« plus en mineur » précise le document) j'aurais « une attitude qu'on juge parfois un peu pédante », « certains semblant même repérer un manque d'impartialité » de ma part… Je défavoriserais certains candidats en leur faisant perdre du temps pour répondre. Une accusation honteuse ! En clair, on me soupçonne dans ce document de truquer le jeu. Une nouvelle fois, les bras m'en tombent.

Enfin en guise de conclusion, arrive une page intitulée « Ce que les téléspectateurs vous demandent », ce qui prouve bien que cette étude sur le bloc Jeux est en fait une étude sur Julien Lepers commandée par la direction de France 3. Là, sans qu'on sache jamais combien sont les téléspectateurs interrogés ni comment ont été menées les interviews, il m'est demandé noir sur blanc « de gagner un peu en sobriété et en simplicité » et « d'être plus proche des candidats : ne pas hésiter à les encourager, jouer la carte de la complicité, éviter de leur couper la parole ».

*

Voilà donc l'étude terrible qui semble justifier qu'en décembre 2015, on me poignarde dans le dos au détour d'une pause de fin d'année. Avec ces quelques pages qui datent de plus d'un an et qui me semblent être des éléments de recadrage, et non des raisons de licenciement brutal ! Tout cela bien sûr n'a qu'un but : trouver des justifications pour se séparer de moi, exemple parfait de « l'homme, blanc, de plus de cinquante ans ».

Encore une de ces études que les grandes entreprises ou les hommes politiques commandent à des agences spécialisées en leur indiquant d'emblée la conclusion à laquelle le document doit aboutir ?

On me reproche de faire plus de show qu'avant mais je faisais cela justement pour aller vers un public plus jeune. Et puis je ne suis pas du tout d'accord avec cette supposée demande de s'orienter vers plus de sobriété. D'ailleurs, mon remplaçant fait moins de « show » – comme ils disent – et la chute d'audience est vertigineuse !

Il faut tout de même savoir que « QPUC » est un jeu un peu daté, très répétitif et plutôt austère qui, malgré de nombreuses tentatives dans plusieurs pays, n'a marché nulle part dans le monde sauf en France ! Pourquoi ? Parce que je crois que j'ai su instaurer une complicité et un lien affectif, créer un style et un personnage qui ont plu aux téléspectateurs. Installer à ma place un journaliste qui présentait le 12/13 de France 3, c'est comme mettre David Pujadas à la place de Nagui pour présenter « N'oubliez pas les paroles ! ». Une nouvelle erreur de casting tout simplement !

On s'aperçoit ici qu'il n'y avait aucune raison de bouleverser tout ça ou, *a minima*, pouvait-on le faire de façon homéopathique et, surtout, plus respectueuse.

Chapitre 4

Tout pour la musique

Aussi étrange que cela puisse paraître pour le fils d'un chef d'orchestre et d'une chanteuse, je suis un musicien autodidacte. Je me suis fait tout seul ! J'exagère un peu, ayant dû prendre de vagues leçons de piano quand j'avais quinze-seize ans à Antibes avec une professeure assez âgée, Henriette Nadal. Pourquoi ce nom m'est resté en mémoire toute ma vie ? Sans doute parce qu'elle est une prof à l'ancienne ; avec elle on apprend du Mozart et du Chopin et elle me tape sur les doigts dès que je fais une fausse note. Nous sommes en 1964 en pleine folie des Beatles. Ils viennent de donner une quarantaine de concerts pendant trois semaines à l'Olympia. C'est une vraie déferlante sur la jeunesse française avec *Roll Over Beethoven*, *A Hard Day's Night*, *Rock and Roll Music*, *Help !*... Bien loin de *La Lettre à Élise* donc.

J'habite alors chez ma grand-mère, cours Masséna devant la mairie d'Antibes. Elle a un vieux piano qui est une vraie révélation pour moi. Je ne le quitte plus. Mon plaisir, dès que je rentre du collège, est d'expédier mes devoirs, de m'installer au piano et d'essayer de reproduire à l'oreille les mélodies des Beatles, mais aussi des Four Tops et bien d'autres encore.

Au départ, je joue leurs airs les plus connus et puis je vais assez vite sur le terrain de la composition. De la création de chansons. C'est ainsi que j'ai griffonné ma première chanson qui s'appelait *Diana*, comme le tube de Paul Anka. J'avais une quinzaine d'années et je me souviens même l'avoir jouée devant mon père qui m'a, à l'époque, beaucoup encouragé. J'avais écrit quelques lignes de paroles dont ne reste aucune trace. Mais de toute façon, j'ai toujours été plus à l'aise pour composer des musiques qu'écrire des textes.

*

À partir de là, je ne pense plus qu'à la musique, au piano et à « Salut les copains », l'émission créée en 1959 par Daniel Filipacchi et Franck Ténot sur Europe n° 1… Je suis en classe de cinquième au lycée Roustan puis je passe au lycée Jacques-Audiberti, toujours à Antibes. Là, une simple blague de potache va faire basculer ma vie.

Lors d'un chahut avec mes copains de classe, je balance une chaise dans le grand escalier du lycée. À l'époque, ça ne pardonne pas. Je passe en conseil de discipline et suis aussitôt exclu. Définitivement ! Mon père est furieux. Il décide qu'il est temps de me serrer la vis. Et il ne fait pas les choses à moitié : il m'expédie en pension dans une école pré-militaire, chez les pères dominicains de Sorèze dans le Tarn !

Sorèze est une abbaye du VIIIe siècle transformée en académie militaire royale par Louis XVI. Située au pied de la montagne noire, bien loin de la Côte d'Azur. Le règlement y est très strict. Chaque matin, c'est l'appel au drapeau dans la grande cour… Tout est très organisé. Il y a la cour des bleus, des rouges, des verts et des jaunes. Moi, je suis dans les bleus parce que j'arrive en classe de troisième.

L'endroit est impressionnant, surtout en plein hiver, l'ambiance monacale. Passer d'Antibes chez ma grand-mère aux longs couloirs de l'abbaye est terrible. Je vis là-bas des moments très compliqués. Je me sens vraiment abandonné. Je passe des trimestres entiers sans voir aucun membre de ma famille. Et aussi des week-ends à rester seul dans l'internat pendant que mes copains partent dans leur famille ou chez leurs correspondants de la région. Je suis le seul à ne pas avoir de correspondant pour savourer au moins quelques journées à l'extérieur, mon père n'ayant pas jugé cela utile…

J'ai quinze ans et j'enchaîne les week-ends entiers totalement désœuvré, perdu dans des cours de récréation désertes. J'attends que les heures défilent et… que les copains rentrent le dimanche soir.

*

Tous ces mois d'hiver, je suis très triste. Je me traîne des tonnes de cafard comme chantera Laurent Voulzy douze ans plus tard dans sa chanson *Rockcollection*. Sauf que moi, je ne suis pas au camping des Flots bleus mais dans une école militaire en pleine campagne. Alors je me réfugie le plus possible dans la musique.

C'est à ce moment-là que j'ai un coup de cœur pour un vieux piano repéré dans la salle des bustes de l'abbaye. Imaginez une immense pièce carrelée cernée des bustes en marbre représentant les élèves les plus célèbres de l'académie, avec des fresques religieuses sur les murs et de hauts plafonds aux poutres peintes…

Dans cette salle lugubre pour un adolescent de quinze ans je vais tuer le temps des journées entières à travailler mon piano. Grâce au plafond en bois, il y a une sonorité bien particulière et j'y fais beaucoup de progrès.

C'est l'époque d'Hugues Aufray qui avait été élève à Sorèze et qui cartonne avec *Les Crayons de couleurs*, des Beatles bien sûr, de Johnny Hallyday, Richard Anthony, etc. Et surtout celle de l'émission SLC, « Salut les copains » sur Europe n° 1. En l'écoutant, on est tous comme des fous. Évidemment à cette heure-là entre 17 et 19 heures, c'est la permanence, les élèves sont censés faire leurs devoirs. Comme j'ai trouvé un petit transistor, j'essaye de me cacher derrière le pupitre relevé de mon bureau pour écouter « Le chouchou de la semaine » et toutes les rubriques de l'émission. Ce n'est pas toujours très discret et forcément, je me fais attraper au mois de mai. Me revoilà propulsé en conseil de discipline et aussitôt expulsé de l'abbaye-école. Pour les enseignants, écouter une émission de rock'n'roll à la radio au lieu de faire ses devoirs pour atteindre l'excellence est une faute impardonnable. N'oubliez pas que nous sommes en 1965…

Mine furieuse de mon père quand il me voit rappliquer à Antibes ! Il est très contrarié de me voir revenir avant la fin de l'année scolaire. Sa réaction est ferme, et je lui en ai reparlé souvent ; il me dit : « Je ne veux rien savoir. Tu repars immédiatement là-bas ! » Et me revoilà dans le train pour Toulouse.

Cette fois c'est le révérend-père prieur qui fait une drôle de tête en m'apercevant avec ma petite valise et mon air triste alors qu'il vient de m'expulser. Je fais profil bas et je lui explique la réaction sans appel de mon père qui ne veut pas de moi à Antibes. Le prêtre est bien embêté. Ne pouvant me réintégrer à l'internat et désavouer son conseil de discipline, il a l'idée de me mettre en pension dans le village de Sorèze chez une dame proche de l'école et qui a déjà deux enfants dans cet établissement.

J'y passe quelques semaines formidables. Cette famille est adorable et on y mange très bien. L'ambiance me change tellement du pensionnat des pères dominicains que je me remets à étudier et que je réussis mon BEPC.

*

L'année d'après, mon père m'inscrit dans une école privée, l'institution Montaigne à Vence, Alpes-Maritimes. Située avenue des

Poilus, ça ne s'invente pas… Je fais mon année de seconde en internat puis il loue une maison à Vence et nous habitons tous ensemble. Là, je passe trois ans mais je rate mon bac. Du coup je dois repiquer ma terminale à l'école Saint-Exupéry d'Antibes et je finis par l'avoir. Tout juste.

À cette époque, j'ai récupéré un piano droit que j'ai peint en bleu. On est fin 1968. C'est la sortie du magnifique double album blanc *The Beatles* dont la pochette a été créée par Richard Hamilton, un des fondateurs du Pop Art. Mais mon premier grand coup de foudre sera les Beach Boys ! Le son des frères Wilson est vraiment inégalable. J'adore *Good Vibrations* et le morceau mythique *God Only Knows* qui est la chanson préférée de Paul McCartney ! Génial Brian Wilson. Dans mes premiers 45 tours, il y a aussi *Fun Fun Fun* et *I Get Around*. J'écoute ça cent fois par jour sur mon petit électrophone Teppaz.

Mon autre coup de cœur de l'époque est Jerry Lee Lewis. J'écoute beaucoup plus d'Anglo-Saxons que de Français. Ma grand-mère maternelle était anglaise, c'était la femme du peintre Claude Rémusat, surnommé « le peintre des musiciens », qui était lui-même le petit-fils d'un grand flûtiste,

Jean Rémusat. Donc je suis un quart anglais ! Et je me suis toujours senti attiré par la culture britannique, les grands chants gallois, les chœurs de supporters de Liverpool, etc. C'est tellement inspiré…

Côté français, j'écoute Johnny bien sûr, mais pas le Johnny qui se roule par terre. Mes chansons préférées ne sont pas ses adaptations de tubes américains comme *L'Idole des jeunes*, reprise de *Teenage Idol* de Ricky Nelson en 1962, ou *Da Doo Ron Ron*, une reprise des Crystals en 1963. Ce sont ses chansons originales, comme *Retiens la nuit* écrite par Charles Aznavour en 1961. Moi, j'adore Johnny quand il est dans le cool, pas dans la ténorisation et dans la voix forcée ; je le lui ai dit d'ailleurs. Mais lui est un rocker dans l'âme et aime tout donner sur scène ! C'est comme cette chanson formidable qu'hélas il n'aime pas interpréter, *J'ai oublié de vivre* écrite par Pierre Billon et composée par Jacques Revaux en 1977. Chaque mot, chaque note, tout est magnifique. C'est l'alchimie parfaite entre un texte, une musique, une voix et une orchestration. Une grande chanson est la rencontre de tout cela.

*

Je joue aussi de la guitare. Sans avoir jamais pris de cours. Déjà parce que je n'en ai pas les moyens. Mon père ne me donne rien. Il aurait pu mais il me laisse me débrouiller... C'est la dèche totale. Quand je vois aujourd'hui comment la plupart des pères s'occupent de leurs enfants. En quelques générations, c'est le jour et la nuit. Moi, je vois ce que j'ai fait pour mes deux enfants Lorraine, vingt-trois ans, et Guillaume, dix-huit ans. Peut-être trop d'ailleurs ? Mais il n'est pas facile de trouver le juste milieu entre rien et trop ! Surtout quand on en a souffert comme cela fut mon cas... Et puis le métier de parent est compliqué. Mais j'ai fait beaucoup d'efforts pour qu'ils ne souffrent pas trop des absences dues à mon métier. Parfois j'étais là sans être là avec des avions à prendre tout le temps. Mes enfants ont très vite compris que je devais partir pour des émissions ou des galas et m'ont souvent rejoint pour qu'on puisse passer du temps ensemble. Je me souviens qu'il y a trois ans Guillaume est venu sur la tournée « Âge tendre » qui était la huitième saison d'« Âge tendre et tête de bois ». On a fait des Zénith de cinq mille personnes, près de cent galas entre mars 2013 et février 2014 avec une vingtaine d'artistes comme Dave, Herbert Léonard,

Hervé Vilard, le Grand Orchestre du Splendid, Annie Cordy ou Michèle Torr. Lorraine, elle, est venue me voir sur la tournée à Lyon, Halle Garnier. Mes enfants m'ont toujours soutenu. D'ailleurs, ils ont été très choqués par ce qui s'est passé et font partie des centaines de milliers de personnes qui n'ont pas admis mon éviction, et ne regardent plus « Questions pour un champion ». S'ils m'avaient dit : « Papa, t'as déconné ! Pourquoi t'as fait ça ? », je me serais interrogé, mais là j'ai senti qu'ils étaient derrière moi !

*

Un jour, me vient l'envie de chanter. D'abord mes propres chansons. Je n'ai jamais vraiment bien chanté, je le sais pertinemment. Au départ, c'est juste pour présenter mes compositions. Et puis, des années plus tard alors que j'anime le « Hit-Parade » sur Radio Monte-Carlo, je rencontre le producteur Charles Talar qui a notamment lancé Stone et Charden (disque d'or en 1971 avec leur tube *l'Avventura*) et Didier Barbelivien, avant de produire en 1998 l'immense succès qu'a été la comédie musicale *Notre Dame de Paris*. Il me dit : « Mais Julien, t'as pas des chansons ? Tu ne voudrais pas chanter ? »

Alors, en 1978 et 1979, j'enregistre deux 45 tours avec quatre titres : *De retour de vacances, Je t'aime trop, Pleure sous la pluie* et *Oh Sylvie !* Mais j'ai l'habitude de dire qu'on en a vendu deux. Un à ma sœur et un à mon père.

À l'époque, pour la promotion je fais quelques passages à la télévision, des archives qui ressortent régulièrement… Je me souviens d'une émission où je suis présenté par Nicolas Peyrac et où le play-back de *De retour de vacances* démarre alors que je suis encore à deux mètres du piano. Je vais mettre quelques secondes avant de retrouver mes moyens, de vite placer mes doigts sur le clavier penché sur le piano, de m'asseoir sur le tabouret et de trouver la bonne caméra… On voit aussi souvent des extraits d'un passage chez Danièle Gilbert dans son émission « Midi Première » avec Pierre Perret et la speakerine Jacqueline Huet comme invités et où je chante *De retour de vacances* : « On a tous au cœur des souvenirs qu'on ne veut pas voir partir ». J'ai un superbe pull rouge. Rien d'inoubliable, vraiment… J'ai très vite compris que je n'étais pas un formidable interprète.

Aussi, à un moment, il faut savoir dire stop. J'ai donc préféré faire chanter les autres. Pendant mes cinq ans à RMC, j'ai fait la connaissance de tout le milieu de la chanson française, dont Michel Delpech, à qui, un jour de 1978, je donne une cassette avec plusieurs de mes compositions. Il revient un mois après et me dit : « Ah, au fait, ta chanson je l'ai faite, ça s'appellera *Vu d'avion un soir* et d'ailleurs je l'ai déjà enregistrée. » Tout ça sans m'en dire un mot...

Au même moment, je choisis de quitter RMC et de tenter ma chance à Paris. Je me revois avec tous mes cartons empilés dans ma R5. Je suis en train de rouler du côté d'Avignon avec la radio à fond quand, soudain, ils annoncent *Vu d'avion un soir* de Michel Delpech. J'ai eu un coup au cœur très très fort. C'était ma première chanson enregistrée par un artiste et je l'entendais pour la première fois sur les ondes. À partir de là, j'ai eu encore plus envie de composer pour les autres.

*

Dans les années 1976-1977, je suis très proche de Claude François qui vient souvent me voir dans mon bureau de RMC à Monte-Carlo afin que ses chansons soient numéro 1 au « Hit-Parade ». Surtout à l'approche de l'été quand toute la France descend dans le Sud à l'occasion des « grandes vacances ».

Un soir, il me présente une parolière appelée Vline Buggy. Auteur réputé, elle a composé une trentaine de chansons pour Claude François (dont de grands tubes comme *Belles, belles, belles, Si j'avais un marteau, Pauvre petite fille riche*) mais aussi *Les Bals populaires* pour Michel Sardou ou *Le Pénitencier* pour Johnny Hallyday. On papote pour faire connaissance et on se sépare. Claude meurt dans les circonstances tragiques que tout le monde connaît le 11 mars 1978 et, six mois après, dans un cocktail d'une maison de disques, sur les Champs-Élysées, je retrouve Vline. Je vais la voir et lui dis que j'ai composé quelques chansons et que j'aimerais bien les lui présenter. Par professionnalisme, elle accepte. Même si je sens qu'elle est un peu étonnée qu'un jeune animateur de radio compose des chansons. Rendez-vous est pris chez elle boulevard Bineau à Neuilly.

Ce jour-là, sur son piano Yamaha blanc, je vais lui jouer cinq-six chansons et on ne se quittera plus pendant dix ans.

Dans les chansons que je fredonne pour elle, il y en a une qui s'appelle *Je reviendrai*. Le texte n'est ni fait ni à faire mais Vline me dit : « Musicalement, c'est formidable ! Franchement, j'aime beaucoup. »

Elle me demande : « Est-ce que vous connaissez Herbert Léonard ? » Je lui réponds : « Oui, très bien. »

À l'époque, il y a deux artistes avec lesquels j'aimerais beaucoup travailler : Gilbert Montagné et Herbert Léonard ! Herbert, je le suis depuis sa première période en 1967-1968 quand il chantait *Quelque chose en moi tient mon cœur* et un autre gros succès *Pour être sincère*. Mais il a eu un grave accident de voiture en mars 1969 et sa carrière s'en est ressentie.

Vline Buggy m'explique : « Je vous demande ça parce que je connais très bien Herbert qui ne fait plus rien en ce moment, il est devenu journaliste spécialisé en aviation et j'aimerais organiser un rendez-vous tous ensemble. »

Dix jours après, nous nous retrouvons au même endroit autour du même piano blanc. Je rejoue mes chansons et Herbert me dit : « C'est formidable ! » Entre-temps, Vline, qui ne perd pas de temps, a travaillé sur deux chansons dont *Je reviendrai* avec Arlette Tabart, une parolière devenue un des piliers de la Sacem après avoir été directrice de la programmation d'Europe n° 1 entre 1958 et 1974.

On écoute Herbert poser sa voix sur ma mélodie, la magie opère. Herbert qui aurait pu être numéro un français sans aucun problème… s'il avait plus travaillé. *Je reviendrai* s'appelle maintenant *Pour le plaisir.*

*

Très vite, on fait une maquette et Vline entame la tournée des maisons de disques. C'est un fiasco ! Vline nous réunit : « Personne n'en veut mais moi j'y crois dur comme fer ! Herbert aussi et toi Julien aussi, donc je pense que je vais casser ma tirelire et que je vais produire ce disque ! »

Elle nous parle aussitôt de contacter Bernard Estardy, que tout le monde connaît à Paris, excellent producteur et arrangeur qui a créé son propre studio d'enregistrement, CBE, rue Championnet dans le 18e arrondissement. Comme Vline, il a travaillé avec Claude François et Michel Sardou[1]. À ce très grand orchestrateur, très grand preneur de son – un génie ! –, Vline explique notre aventure et ils font affaire. Et nous voilà lancés avec enthousiasme pour les séances d'enregistrement d'un album entier.

1. Il est notamment l'auteur pour Claude François des arrangements de *Magnolias for ever* et *Alexandrie Alexandra,* il collabore à cinq albums de Michel Sardou entre 1981 et 1990.

Après trois mois de studio, c'est reparti pour le tour des maisons de disques mais cette fois avec un album complet pour lequel j'ai composé dix chansons. On arrive chez Polydor où on voit René Guitton. Ça lui plaît bien mais il veut absolument sortir *Suzie m'attend* en premier 45 tours, l'histoire d'un camionneur impatient de rentrer chez lui et qu'Herbert chante très bien…

Jusqu'au jour où, dans une émission de télévision en Suisse, Thierry Le Luron programme *Pour le plaisir.* À peine le morceau terminé, le standard de la chaîne est débordé par les appels des téléspectateurs qui adorent la chanson. Polydor décide de basculer toute la promo d'Herbert sur ce titre, qui se vendra à 3 millions de copies.

Puis on sortira l'album avec une très jolie chanson *Petite Nathalie* que j'ai également composée et qui a beaucoup touché Jean-Jacques Goldman. C'est l'histoire, qu'Herbert chante non pas en force mais dans le souffle, d'un père expliquant à sa fille que la vie ne sera plus jamais comme avant car, avec sa mère, ils se séparent… Avec l'orchestration de Bernard Estardy, les cordes de Christian Chevallier, c'est magnifique.

Tous ces gens-là nous ayant accompagnés dans cette aventure sont pour beaucoup dans la résurrection d'Herbert. On a fait une cinquantaine de chansons avec lui. Comme *Amoureux fous* en duo avec Julie Pietri en 1983, disque d'or aussi. J'ai toujours adoré les duos. *Endless Love* par Lionel Ritchie et Diana Ross. Quelle beauté ! J'avais composé la suite d'*Amoureux fous* qui s'appelait *Finir la nuit ensemble* mais, hélas, Julie n'a pas voulu la chanter, préférant continuer sa carrière seule.

*

Herbert est quelqu'un qui a beaucoup compté dans ma vie et je l'aime tellement que... je lui en veux. Je lui en veux d'avoir gâché un tel talent. Il a une voix hors du commun. Quand il s'approprie une chanson, il la fait passer de l'ombre à la lumière. Comme Johnny, comme Sardou, comme tous ces grands chanteurs. Franchement, ce qui lui a manqué pour être le numéro un français, c'est l'envie tout simplement. Quand on voit la manière dont des artistes comme Claude François ou Céline Dion ont travaillé comme des malades pour arriver au sommet... J'ai lu récemment une biographie de Céline et là on comprend tout. C'est le jour, la nuit. Une vie dans les avions et les hôtels. À travailler, à répéter, toujours plus. Sans week-ends, ni vacances, jamais ! Il est tellement dommage qu'Herbert n'ait pas eu l'envie d'aller plus loin. Mais je l'adore, il m'a beaucoup apporté, c'est un homme immensément généreux. Et je pense que je m'en veux, aussi, de ne pas être arrivé à le pousser plus. Mais je respecte et je comprends ses choix, il a voulu profiter de la vie. Cela dit, nous n'avons pas dit notre dernier mot !

J'ai aussi écrit pour Guy Mardel, Michel Delpech et Sylvie Vartan. Deux chansons, *La Différence* et *Jerry,* qui n'ont pas vraiment marché mais qu'elle aimait beaucoup. On les a enregistrées avec son frère Eddie Vartan. J'ai beaucoup aimé travailler avec Sheila, une autre très grande bosseuse. Elle aurait dû faire une plus grande carrière notamment dans les années 1980 mais son producteur Claude Carrère en a fait une chanteuse de disque plutôt que de concert alors que Sheila adorait être sur scène.

Même si je n'ai jamais composé pour elle, j'ai eu une rencontre artistique forte avec Véronique Sanson. Un temps, quand j'étais à RMC, elle a habité ma maison sur les remparts d'Antibes. Elle était tombée en pâmoison devant le panorama qu'on avait sur la mer. Il y avait un grand piano à queue que j'ai toujours et nous en jouions souvent tous les deux.

En vérité, j'ai vraiment beaucoup aimé écrire pour les autres. Pour moi, le moteur, c'est le plaisir de faire un truc dont on est vraiment fier pour un artiste avec lequel on s'entend. Je ne peux bien travailler que dans l'harmonie. Herbert et moi, nous nous sommes choisis. Lors de ce rendez-vous chez Vline Buggy, il s'est passé quelque chose. Sheila, c'est son compagnon Yves Martin et son producteur Jean-Claude Camus qui nous ont réunis. Or le travail d'un producteur est de mettre les bonnes personnes en relation.

Jean-Claude avait une fois parlé de moi à Johnny Hallyday. Un soir, je rentre à la maison et je trouve un message sur mon répondeur. Johnny, avec une voix toute douce, toujours très poli et très bien élevé, me dit : « Bonjour, c'est Johnny, j'appelle de la part de Jean-Claude et ça me ferait plaisir de vous rencontrer… »

Je me revois quelques jours plus tard chez lui, près de la piscine Molitor à Paris. On s'installe autour de son piano droit. Je lui joue mes morceaux. On commence à bien échanger quand une bande de ses copains débarque et nous interrompt. Tout s'est arrêté. Comme quoi, une carrière tient parfois à pas grand-chose…

Mais je n'ai pas renoncé. J'ai composé une chanson à son intention et il faut qu'un jour je parvienne à le coincer quelque part pour la lui faire écouter. Je vais y arriver ! C'est une chanson magnifique. Bon, je reconnais qu'il est prétentieux de dire cela mais tant pis. Je voudrais tellement qu'il l'interprète un jour…

Chapitre 5

Lundi 14 décembre 2015, 10 h 45

La deuxième lame

De minute en minute, l'ambiance devient irrespirable dans le bureau 617 du siège de France Télévisions. Plus je me défends, plus je montre que je n'accepterai pas d'être évacué entre deux portes, plus je sens que Dana Hastier se crispe. Fine tacticienne, elle essaye pourtant de m'amadouer. En se déchargeant sur FremantleMedia, la société de production qui n'a fait que s'incliner devant son diktat, et en reconnaissant que, certes, la manière est un peu rude. Moi, comme une mouche coincée dans un abat-jour, je continue de me débattre…

Ce qui me choque, c'est que j'ai enregistré quarante-deux émissions en sept jours et que, le lendemain matin, je suis convoqué pour qu'on me dise que la chaîne ne veut plus de moi. C'est très agressif et violent. Comment peut-on se faire traiter ainsi après trente-trois ans dans une entreprise ? Alors, non, madame Hastier, je ne dirai pas que c'est moi qui ai décidé de partir ! Jamais ! Car ce n'est pas la vérité.

Elle va alors essayer de me convaincre que je ne suis pas tricard depuis son arrivée. Là aussi, c'est une question de perception. Visiblement, nous n'avons pas la même...

— Eh bien moi, je ne me sens pas considéré. Je me sens humilié. Vous trouvez normal que je n'aie pas pu dire au revoir ni à mon équipe, cinquante personnes avec lesquelles je travaille depuis des années, ni au public du studio, ni aux téléspectateurs ? Pas un mot. Ni au revoir, ni merci non plus, ni donner le moindre mot d'explication ?

— Où est l'humiliation ? me dit-elle, le jeu a baissé plus que les émissions qui précèdent et qui suivent dans la tranche Jeux de France 3. Vous savez, ce serait plus simple pour moi de ne rien faire.

Bientôt, elle va me demander de la plaindre. Pauvre directrice des programmes obligée de se séparer des méchants vieux animateurs qui s'accrochent à leur micro ! On croit rêver.

— OK, alors imaginons qu'il fallait changer, mais franchement, me l'annoncer le lendemain matin de mes derniers enregistrements de l'année... Une chaîne publique doit montrer l'exemple. On peut se séparer des gens correctement...

— Ça, je le reconnais...

— Et en plus, madame Hastier, vous me demandez de dire que ça vient de moi ?!?

— Moi, je préférerais comme ça...

Je ne suis pas psychorigide et je sais très bien qu'à un moment, il faut savoir quitter la place... Mais là, c'est un dialogue de sourds !

*

À cet instant, je suis à la fois triste et furieux. Je me sens mal. Je lui demande un peu d'eau. Je ne sais pas encore que le meilleur est à venir. Que la deuxième lame va s'abattre sur ma nuque pour tenter d'anéantir mes dernières velléités de résistance.

— Écoutez, Julien, vous connaissez beaucoup de gens qui sont licenciés dans de telles conditions ? Aujourd'hui il y a 5 millions de chômeurs en France et la moyenne des retraites est de 900 euros !

Incroyable ! Pendant quelques secondes, je me demande si j'ai bien entendu. Je me fais virer comme un malpropre du jour au lendemain mais, pour cette femme, je suis un « social traître », un « vil profiteur » dans un pays exsangue ! Saisi, je laisse alors échapper un cri du cœur.

— Mais il n'y a pas que l'argent dans la vie, Dana !

— Mais pour le reste, on fera au mieux. Tout à l'heure vous allez rencontrer Nilou Soyeux [la directrice de la communication à la présidence de France Télévisions]. On va mobiliser la communication de France Télévisions et vous pourrez dire au revoir aux téléspectateurs. Je sais que vous avez signé un très bon contrat avec FremantleMedia et je souhaite à tout le monde un licenciement comme celui-là. Franchement, vous n'êtes pas un cas social !

— Dana, je n'ai jamais dit que j'étais un cas social…

Pourquoi est-ce qu'à cette seconde-là, je ne me lève pas pour sortir de ce bureau et mettre un terme à cette nouvelle séance que je tiens pour de l'humiliation ?

Pourquoi est-ce que je reste assis là devant elle, à recevoir claque sur claque ?

Je ne sais pas. Sans doute l'envie de plaider ma cause, encore et encore. De les entendre dire qu'ils se rendent tout de même compte de l'injustice qui m'est faite. Je suis tellement attristé par cet échange…

Dana Hastier, elle, continue son pilonnage. Imperturbable.

— Certains animateurs ont un problème d'image et moi, je ne peux pas laisser la chaîne dégringoler comme ça. France 3 coûte trop cher, et je ne veux pas me retrouver dans dix-huit mois face à un nouveau président de France Télévisions qui me dise : on ferme France 3…

Alors là, je dis bravo ! C'est fort, c'est très fort ! Me voilà intronisé voie d'eau dangereuse dans la coque du paquebot France Télévisions. Se débarrasser de moi, ce serait donc sauver l'entreprise et ses 8 000 salariés ! Dans quelques minutes, on me dira que je suis une menace pour le déficit budgétaire de la France. Pourquoi pas ? Allons-y !

Vous noterez aussi que toutes ces décisions, que je juge, moi, prises à l'emporte-pièce, n'auront bien entendu rien réglé sur le fond du problème, c'est-à-dire le financement de l'audiovisuel public. J'en veux pour preuve le « plan stratégique 2016-2020 » de Delphine Ernotte, la P-DG de France Télévisions, longtemps confidentiel et rendu public en juillet. Celui-ci inclut le non-remplacement de 50 % des départs à la retraite sur cette période de quatre ans, soit l'équivalent de 500 suppressions d'emplois.

D'où la réaction courroucée et immédiate des syndicats du groupe : « Notre modèle économique est toujours bancal et on joue sur les mêmes leviers ! » D'autres dossiers étaient peut-être plus urgents que celui du limogeage express de Julien Lepers…

*

Tout ça ne fait que me galvaniser. Et dans la tension de ce bureau, notre bras de fer va se poursuivre. Aucun des deux n'acceptant de plier…

— Je dis simplement, madame Hastier, qu'on aurait pu faire les choses autrement…

— Je suis d'accord et j'accepte la critique.

— Alors, allez expliquer ça aux médias !

— On ne fait pas les choses en fonction de ce que les médias vont dire…

— Mais mon nom va être accolé aux mots « viré », « licencié » et je n'aime pas ça du tout.

— Personne ne va dire que c'est un licenciement…

— Mais c'est quoi, alors ?

— C'est pour ça que c'est mieux si vous dites que c'est vous qui avez voulu faire autre chose… Normalement, après vingt-huit ans, vous auriez dû avoir envie de changer, vous auriez dû décider de partir, de vous-même...

— Mais c'est un chef-d'œuvre, la durée, Madame Hastier ! Je suis allé voir mes avocats pour faire valoir mes droits. J'ai consulté le bâtonnier de Paris qui est spécialisé en droit du travail. Il trouve inacceptable et inadmissible la façon dont France 3 se comporte avec moi.

— On a parlé des délais effectivement, je vous ai dit que j'acceptais cette critique mais FremantleMedia avait un peu peur de la manière dont vous alliez réagir...

Voilà que Dana Hastier insinue que FremantleMedia ne m'a pas prévenu plus tôt de crainte que je ne termine pas les enregistrements ou, pis, que je les sabote... Là, franchement, on touche le fond ; je n'en peux plus et je décide de mettre fin rapidement à l'entretien. Cette conversation n'a servi à rien. Trop d'hypocrisie et de calcul. Ces gens ont décidé d'avoir ma peau et je devrais comprendre tout seul que me débattre ainsi n'est qu'une perte de temps et d'énergie... Je suis de plus en plus écœuré.

Chapitre 6

De la fac de droit au micro de RMC

Après un bac passé de justesse et sans conviction, je fais comme beaucoup de jeunes de mon âge : je m'inscris en fac de droit à Nice. Le droit mène à tout à condition d'en sortir, paraît-il !

L'idée, c'est justement qu'il n'y a pas d'idée. Et la vérité, c'est que je ne sais pas du tout quoi faire…

Je me cherche complètement. J'ai toujours été un élève très moyen mais il faut dire que je ne travaillais pas dans de bonnes conditions pour réussir des examens. Une fois le bac en poche, la question se pose : que faire de ma vie ?

La seule chose qui m'intéresse, c'est la musique ! Ce sont les chanteurs et les musiciens, mes disques, mon piano et mes premières compositions…

Arrivé en licence, j'ai une vingtaine d'années et je ne suis toujours pas plus avancé. Une seule chose est certaine, je ne me vois pas devenir avocat ou notaire.

Comme je me suis fait mettre dehors de chez mon père pour pas mal de raisons et qu'il ne me donne quasiment rien pour vivre, je dois gagner ma vie très vite.

Je fais donc tout un tas de petits boulots. Je décharge des camions, j'aide le second mari de ma grand-mère à Nice qui est droguiste en gros. Vraiment, je démarre au bas du bas de l'échelle…

Au début des années 1970, mes idoles, ce sont les Beatles toujours, les Rolling Stones, même si moi je suis plutôt Beatles, Johnny Hallyday, Franck Alamo, Richard Anthony, les Surfs et les Four Tops. Je me passionne pour tout ce qui se dit ou s'écrit sur le monde de la chanson et de la musique et je suis, déjà, fasciné par les médias. Par la communication en général.

*

Alors forcément le jour où j'entends sur l'antenne de RMC qu'il y a un concours d'animateurs organisé par Jean-Louis Sarre pour Radio Monte-Carlo, à l'époque une des cinq grandes radios [1], je décide de foncer.

En tout, 3 500 candidats se présentent pour obtenir ce poste d'animateur. Je passe par six mois d'éliminatoires. Je me revois à Marseille un jour, à Monaco un autre, en train de multiplier les tests. On doit par exemple lire des messages publicitaires. On a aussi des *blind tests* : une vingtaine de morceaux qu'il faut reconnaître le plus vite possible. Comme j'écoute tout ce qui sort depuis des années, je suis presque incollable. Et à un moment, quand arrivent les dernières sélections, je dois reconnaître que je suis assez fort et que personne d'autre n'a repéré un truc étrange.

Nous sommes encore environ 200 candidats et nous attendons tous pour passer dans une salle attenante à un studio de radio de RMC à Monaco. J'ai remarqué, et je suis le seul, qu'au-dessus de nos têtes deux ou trois micros d'ambiance pendent au bout de leur fil. Alors je vais me placer sous l'un des trois micros et je fais semblant de discuter avec un autre candidat : « Alors toi, comment tu vas ? C'est quoi, tes points

1. Avec Europe n°1, France Inter, RTL et Sud Radio.

forts ? Moi j'adore la chanson, je suis très bon en chanson et surtout j'adore les radios, je les écoute tout le temps et surtout RMC etc. » Je brosse de moi un tableau magnifique. Une sorte de candidat idéal…

Et, je l'ai su plus tard, c'est cette astuce qui m'a fait repérer par les gens qui devaient décider. Des années après, ils m'ont avoué que ç'avait joué en ma faveur car ils avaient effectivement ouvert les micros et écoutaient ce que disaient les candidats à leur insu !

En fait, le concours démarrait déjà avant, en salle d'attente. Et au bout de six mois, j'ai été choisi. Premier sur trois mille cinq cents !

*

L'opportunité est incroyable. Surtout pour un jeune de vingt-trois ans qui s'ennuie à mourir dans les amphis de droit… Ça me donne directement accès à l'antenne de RMC. Mais ce n'est pas parce que vous gagnez un concours que vous êtes bon dès le début. Au contraire, je suis très mauvais. Je me demande, et là j'ai eu de la chance, comment ils ont pu me recruter et surtout me garder aussi longtemps ?

Très rapidement, je présente « Le Hit-Parade » et une émission d'été avec Julie – elle a poursuivi sa belle carrière sur

Europe 1 – qui s'appelle « Été chaud avec Julien et Julie ». Puis une émission interlycées, une sorte de compétition intitulée « Tohu Bahut ».

Des gens ont beaucoup compté pour moi à l'époque, comme Stéphane Banessy. Tout ça va durer cinq ans, et même si je reçois un tout petit salaire, surtout le premier été quand je suis juste stagiaire, je suis payé pour présenter les grands tubes du moment et rencontrer tous ces artistes que j'admire. Le bonheur total !

À l'antenne de RMC, qui est leader absolu sur le sud de la France, je découvre le rapport unique avec les auditeurs. Et aussi le contact avec des vedettes, que j'écoutais grâce à leurs disques ou dans l'émission « Salut les copains » d'Europe n° 1.

Je suis tout jeune, j'ai vingt-trois ans et je me retrouve, pour ma première interview à l'antenne, face à Frédéric François qui, en 1973, est en train de devenir une star. C'est un très gentil garçon et un très bon chanteur qui, en réalité, s'appelle Francesco Baracchato et est né près de Palerme dans une famille très modeste. Fin 1972, il a vendu 1 million d'exemplaires d'un tube énorme *Laisse-moi vivre ma vie*.

Tout de suite après, je recevrai Françoise Hardy, France Gall, Joëlle du groupe Il était une fois, Demis Roussos, Joe Dassin, Karen Cheryl, Michel Berger, Daniel Balavoine, Richard Cocciante et plein d'autres. Les grands noms de la chanson de l'époque vont défiler dans le studio monégasque du « Hit-Parade »…

*

Parmi ces artistes, ma rencontre avec Mike Brant est un véritable choc. Il faut voir le succès de Mike, très grand et très beau garçon. On se voit pas mal à l'époque et c'est inouï le succès qu'il a auprès des jeunes femmes. Il enchaîne tube sur tube : *Laisse-moi t'aimer, C'est ma prière, Rien qu'une larme, Tout donné, tout repris.* Je le revois sortir du studio. À peine arrivé dans le couloir, les filles se précipitent sur lui, réellement hystériques. C'est absolument incroyable. Et pas facile à vivre pour lui.

La première fois où je le rencontre, je vois débarquer quatre jeunes Israéliens dans mon petit bureau à Monaco. On leur a dit qu'il fallait approcher l'animateur du « Hit-Parade » de RMC. Il y a là Mike Brant, Simon Wajntrob, Alain Krief, Haim Saban.

Simon Wajntrob, qui représente aussi les intérêts de Salvador Dalí, est le producteur de Shuky et Aviva, interprètes du tube de l'époque *Je t'aime un peu trop* et aussi d'un jeune garçon d'une douzaine d'années : Noam. Wajntrob essaye de me vendre tous ses artistes, pour que je passe leurs disques le plus souvent possible. Parce que le « Hit-Parade » de RMC est très prescripteur à cette époque-là.

Quelques années plus tard, je réaliserai les destins tragiques de trois de ces quatre jeunes garçons. Mike Brant s'est suicidé à l'âge de vingt-huit ans en se défenestrant du sixième étage d'un immeuble parisien en avril 1975 ; ensuite Simon Wajntrob s'est suicidé d'une balle dans la tête dans le bois de Boulogne ; et Alain Krief, devenu le secrétaire de Mike, s'est jeté sous les roues du métro. Le quatrième, Haim Saban, sera le seul survivant du quatuor. Depuis, il est devenu milliardaire. Au début des années 1980, il a quitté le monde du show-biz et est parti s'installer aux États-Unis. Là-bas, il a fait fortune en important des dessins animés japonais, notamment les fameux *Power Rangers*, puis en lançant avec Rupert Murdoch la chaîne Fox Kids avant de la vendre à Disney pour plus de 5 milliards de dollars ! Enfin Haim est devenu l'un des contributeurs les plus importants du Parti démocrate américain et a aidé à installer Bill Clinton à la Maison-Blanche en 1992. Il s'est ensuite lancé dans les télécommunications en Israël avec son groupe Partner Communication. Le seul rescapé est celui qui a su partir loin de tout ça…

*

Mais, durant mes années RMC, j'ai surtout été marqué par Claude François. Parmi tous les grands noms de cette période, il est sans doute le plus impressionnant. Car il émane de lui une telle énergie, une telle intelligence. Il a tout compris du show-biz et de la chanson populaire. Il est très bon artistiquement comme chanteur et comme danseur. Il a toujours trois temps d'avance dans le choix des chansons.

C'est l'artiste que j'ai le mieux connu. Pourquoi ? Parce qu'il est celui qui me courtise le plus. Il sait que l'été, la moitié de la France écoute Radio Monte-Carlo. Il faut donc être numéro 1 au « Hit-Parade » de RMC d'une façon ou d'une autre. Et Claude sait exactement ce qu'il veut : « Et il faudrait faire comme ci ! Et il faudrait faire ça ! etc. » Moi, je suis tout jeune et je suis impressionné par cette boule d'énergie au top du top. En septembre 1974, il a sorti *Le téléphone pleure* qui va se vendre à 2,5 millions de copies ! Il arrive quand on ne l'attend pas du tout et quand on l'attend, il arrive avec trois heures de retard... Il m'invite souvent à dîner. J'ai des souvenirs de tablées de vingt-cinq personnes à 1 ou 2 heures du matin à Cannes !

Vous savez, la réussite c'est 1 % de talent et 99 % de travail ! Le talent ne suffit pas. Si vous ne bossez pas, vous êtes zéro. Dans le show-biz comme dans l'audiovisuel. Nietzsche disait : « Le talent sans travail n'est qu'une sale manie. » Travailler et être malin, savoir se mettre bien avec les gens importants aussi. Claude a cette intelligence.

Un jour de 1975, on lance une coupe RMC du meilleur chanteur. Et c'est lui qui gagne. Il faut donc qu'on la lui remette. Comme je suis en train de faire mon service militaire, j'ai les cheveux très courts. On m'envoie à Paris dans ses bureaux du boulevard Exelmans et il me fait attendre plus de trois heures dans son studio en bas pour faire trois photos. À un moment, il arrive enfin, le pas rapide comme d'habitude, et je lui dis que je vais rater mon avion de retour pour Nice. Il me répond : « T'inquiète pas, je vais te passer mon chauffeur ! » Et quand le chauffeur m'emmène à toute allure vers Orly, je vois que sa confortable berline est remplie de cassettes de la Tamla Motown, du label Stax : il écoute tout ce qui vient des États-Unis. The Jackson Five, Diana Ross et The Supremes, The Four Tops, Martha and the Vandellas, Marvin Gaye, Stevie Wonder, The Pointer Sisters, The Temptations… Il écoute tout et choisit d'adapter nombre de succès made in USA. Dès qu'il a repéré un tube en puissance, il appelle ses musiciens et un auteur pour qu'il lui écrive un texte. *J'attendrai*, par exemple, est adapté du tube des Four Tops *Reach out, I'll Be There*.

L'histoire de Claude est incroyable. De tous les artistes que j'aie fréquentés, il fut sans doute le plus obsédé par la mort, par la peur de mourir – si on met de côté Mike Brant qui était victime d'un mal de vivre terrible. Claude avait surtout peur de vieillir et il est mort en trente secondes. À trente-neuf ans. D'une mort tellement stupide.

*

Je reconnais que cette vie dans le faste de Monaco, mes dîners avec Claude ou mes soirées avec tous ces grands artistes, ont pu me faire tourner la tête… Très jeune, fréquenter ces vedettes qui me tapent dans le dos m'a fait croire que j'étais, moi aussi, quelqu'un d'important. Pourtant je suis issu d'un milieu simple, j'ai toujours fréquenté des gens simples et le show-biz est tout le contraire… Mais ça m'a vite passé. Car, heureusement, je me suis rendu compte que ce n'était pas cela la vie. Les paillettes, les groupies qui encerclent les sorties d'immeubles ou de salles de concert, les dîners au champagne à 2 heures du matin…

Du coup, quand je fais mes débuts à la télévision, j'ai déjà nettement remis les pieds sur terre !

La première fois, c'est Guy Lux qui m'invite dans son émission « Ring Parade » comme il le fait avec les animateurs des « Hit-Parades » des principales radios françaises. On est en mars 1975. J'ai vingt-cinq ans et un trac fou. Guy Lux est un monument national. D'ailleurs, dans les derniers temps de sa vie, début 2003, alors qu'il était très malade, il m'avait demandé de passer chez lui à Neuilly près de l'Hôpital américain. J'étais à la fois très flatté et très intimidé. Il avait eu, lui le grand spécialiste des jeux, le créateur et l'animateur des premiers « Intervilles », de « Jeux sans frontières » et du « Schmilblick », des mots absolument charmants à propos de « Questions pour un champion ». Quelques semaines après, il m'a même adressé un mot disant l'admiration qu'il avait pour le jeu qu'il suivait beaucoup durant ses derniers mois.

« Ring Parade » est alors diffusé le dimanche soir sur Antenne 2 avant le journal de 20 heures. Guy Lux présente cinq chansons classées au « Hit-Parade » pour lesquelles les téléspectateurs peuvent voter par téléphone pendant le JT. Dans cette émission, il reçoit les grands noms de l'époque comme Dalida, Claude François, Stone et Charden, etc.

Le 25 février 1975, il me fait venir présenter les artistes invités en annonçant à chaque fois leur place au « Hit-Parade » de RMC. Je me souviens qu'il m'accueille d'une des tirades dont il a le secret : « Pour lancer le match, je retrouve un animateur à "Hit-Parade", celui qui nous apporte le soleil, il est venu de la Côte. Ça va ? Il fait beau, là-bas ? Notre ami Julien Lépers de Radio Monte Carlo. C'est lui qui va donner les performances des cinq chansons en compétition. »

Je n'ai vu qu'après qu'il m'avait appelé Lépers et pas Lepers mais sur le coup, j'étais trop concentré pour l'entendre. Je commence l'émission en annonçant : « Voici la chanson numéro un, *She Wears a Rainbow* du Pop Concerto Orchestra, qui fait une très très belle carrière au "Hit-Parade" mais qui, hélas, en est sortie maintenant. » Grâce aux archives de l'INA, tout le monde a pu revoir cette séquence et surtout mon superbe pull à carreaux beige et marron très seyant pour l'époque...

*

Après cinq ans au micro de RMC, je commence à m'ennuyer un peu et je me dis que j'ai vraiment fait le tour de la question et qu'il me faut monter à Paris. Patrick Roy prend immédiatement ma succession au micro du « Hit-Parade », très gentil garçon qui animera ensuite « Le Juste Prix » et « Une famille en or » sur TF1 et qui, hélas, décédera bien trop jeune d'un cancer en 1993.

Donc je démissionne, je quitte Monaco et pars à Paris. Mais là, personne ne m'attend ! Alors je vais vivre de nombreux mois de galère et de silence.

Je suis hébergé par un ami d'enfance, Patrice Delbourg, qui deviendra critique littéraire, critique musical et romancier. On s'est connu à l'âge de seize ans à Vence. Il me dit qu'il est seul dans un grand appartement et me propose de venir vivre chez lui. C'est un cinquième étage sans ascenseur rue de Braque dans le Marais. Où je dois faire monter mon petit piano droit Yamaha blanc.

Une fois installé, je vais frapper aux portes des trois grandes radios parisiennes : Europe 1, RTL et France Inter… mais personne ne veut de moi. Personne n'attend le jeune animateur du « Hit-Parade » de RMC… Pareil pour les chaînes de télévision, TF1, Antenne 2 et FR3… Je me souviens avoir rencontré Pierre Bouteiller qui dirigeait les variétés sur Antenne 2 mais ça n'a rien donné.

Cette période de galère va durer près de deux ans. Heureusement que j'avais mis un peu d'argent de côté. Du coup, pendant ce temps, j'ai tout le loisir de penser à la musique. À cette époque, je travaille donc beaucoup mon piano et j'écris de nombreuses chansons dont *Je partirai* qui, quelques mois plus tard, deviendra *Pour le plaisir…*

CHAPITRE 7

Lundi 14 décembre 2015, 11 h 05

Le coup de grâce

Bientôt Valérie Manzic-Chiquiar, la directrice de la communication externe de France 3, vient me chercher pour m'accompagner, ainsi qu'Emmanuel Garcia, dans une autre aile de l'immense bâtiment de France Télévisions jusqu'à son bureau où nous rejoindra Nilou Soyeux, la conseillère en communication de la présidence. Cette fois, nous allons parler communication et stratégie médiatique. Des « éléments de langage » comme disent les spécialistes de communication politique.

Après mon échange, je dirais presque mon combat, avec Dana Hastier, je suis groggy. Comme un automate, je traverse mécaniquement les longs couloirs un peu froids du siège de France Télévisions. Je ne reconnais ni les gens ni les lieux. Je suis dans un état second… Là non plus, je ne me doute pas de ce qui m'attend. Je n'ai pas encore compris que ces gens, qui sont bien sûr de mèche depuis le début, sont juste là pour briser toute résistance en moi et que Nilou Soyeux s'apprête à m'administrer le coup de grâce !

En attendant la conseillère de la présidente Ernotte, qui travaillait déjà avec elle chez Orange [1], la discussion reprend. Je refuse toujours d'abdiquer…

— Vous savez, c'est très facile de prendre des décisions comme celle-là, mais il faut aussi faire attention aux dégâts collatéraux. C'est un licenciement très violent à mes yeux et à ceux de mes avocats.

— Le but de ce rendez-vous justement, reprend Emmanuel Garcia, c'est de voir comment on peut faire pour que le mot « licenciement » ne soit pas accolé à ton nom.

— Moi, Emmanuel, je te le dis : je ne me sens pas de mentir…

— Et c'est pour cela que la gestion de la communication autour de ton départ est particulièrement compliquée, intervient Valérie

1. Avant de rejoindre France Télévisions, Nilou Soyeux exerça à partir de juillet 2012 les fonctions de directrice de la communication interne du groupe Orange alors que Delphine Ernotte était directrice générale d'Orange France depuis la nomination de Stéphane Richard au poste de P-DG en mars 2011.

Manzic-Chiquiar, sans doute très inquiète des retombées pour sa chaîne de toute cette histoire.

— Oui, c'est compliqué, parce que vous vous attaquez à un animateur connu. Faites une étude pour voir qui est l'animateur le plus populaire de France 3 et vous verrez… Je pense que c'est une très très grande erreur que vous allez devoir assumer !

*

J'explique alors à ces personnes qui pensent pouvoir tout maîtriser que, même si je ne dis rien, il risque d'y avoir des fuites. Trop de gens sont au courant, notamment chez FremantleMedia.

— Une fuite ne serait agréable pour personne, précise tout de suite la directrice de la communication externe. Parce que les choses seront présentées de façon tronquée. Il faut poser les choses, dire que l'émission va évoluer parce que c'est la vie d'une chaîne d'évoluer. Mais bien sûr, on va te remercier pour tout ce que tu as fait pour France 3. On peut se contenter d'un communiqué de presse, Julien. Sans aucun commentaire de la chaîne. Du coup la presse s'en empare mais personne ne commente…

Je commence à comprendre leur stratégie : un petit merci, un petit communiqué et un grand coup de balai. Avec l'énergie du désespoir sans doute, je continue de plaider ma cause.

— Vraiment, j'ai beaucoup de mal à comprendre que France 3 et France Télévisions se livrent à ça… et je répète que ça va toucher l'animateur le plus populaire de la chaîne…

— Ça, c'est vrai, reconnaît Valérie Manzic-Chiquiar. Tu es le plus connu de la chaîne avec Georges [Georges Pernoud, le producteur et présentateur de « Thalassa »]. Tu es une figure majeure de France 3…

Flatter pour endormir. Toutes leurs ficelles sont tellement grosses que ça me donne la nausée. Rien ne me sera épargné, rien.

Arrive alors Nilou Soyeux. Qui débarque et enchaîne aussitôt sur un ton presque badin :

— Alors, on en est où ?..

— C'est donc une séparation, dis-je.

— Oui, je sais, me répond-elle d'un air faussement apitoyé

— Une séparation décidée par Dana Hastier, donc un licenciement. Très violent, agressif. Je l'ai dit à Dana qui est très nerveuse… On aurait pu faire les choses autrement. Ça va être très compliqué à gérer sur le plan de la communication. C'est un arrêt brutal. Venant d'une chaîne que j'aime beaucoup, pour laquelle j'ai tant fait depuis trente-trois ans, je le prends très mal…

À cet instant, à peine assise dans le bureau, la dircom de Delphine Ernotte me pose deux questions tellement déplacées et incongrues que je n'en reviens toujours pas !

— Juste une question, Julien, vous, vous allez faire quoi personnellement ? Vous avez des projets ?

Il était donc écrit que j'irai de surprise en effarement. Onze jours après l'annonce de mon débarquement, voilà que la conseillère de la présidente me demande si j'ai des projets ! Quel cynisme !

— Mais enfin, ça date de la semaine dernière ! Je ne sais pas du tout ce que je vais faire… C'est le ciel qui me tombe sur la tête !

— D'accord, d'accord,… glisse-t-elle, comprenant sans doute qu'elle vient de commettre une boulette…

— Ce n'est pas bien du tout. Surtout de la part d'une entreprise de service public. C'est du jeunisme primaire. Une discrimination qui peut être punie par la loi !

— C'est un renouveau tout simplement, tente d'argumenter Nilou Soyeux. Ce n'est pas qu'à vous que ça arrive. Il ne faut pas le prendre mal.

Voyant mon visage incrédule, elle se reprend une nouvelle fois.

— Je ne vous demande pas de le prendre bien, je n'ai pas dit ça. Mais vous êtes en état de choc… Ce n'est pas personnel à Julien Lepers.

*

Ah ! je l'attendais ce couplet sur le thème « Mais Julien, ne le prenez pas de façon personnelle, vous n'êtes pas le seul, etc. ». Trop fort. Bientôt on me dira que je complique les choses, que je suis quand même un peu parano… Et, pourquoi pas, qu'elles font ça pour mon bien ?…

D'ailleurs Nilou Soyeux va aussitôt tenter de pousser son avantage : en jouant la carte de la psy qui, bien sûr, sait mieux que moi ce qui est bon pour moi.

— Vous savez, Julien, je vous dis ça pour votre protection personnelle. Vous êtes en colère et c'est normal mais je pense que vous avez la force en vous pour ne pas le prendre de façon trop personnelle. Ce que nous avons entamé, c'est une réflexion globale sur la chaîne.

Je suis de plus en plus effondré et visiblement, elle s'en rend compte...

— Je sais que c'est difficile d'entendre ce que je dis... On se reverra... Vous trouvez tout cela injuste et c'est injuste. Mais vous, Julien Lepers, vous n'êtes pas terminé quand même ?

Non non, madame, je ne suis pas fini puisque, comme vous le savez, j'ai plein de projets...

Tout cela est tellement pathétique. La psy ayant fait un flop magistral, c'est la communicante qui revient au galop pour tenter de me convaincre que j'aurais bien tort de faire trop de bruit autour de cette histoire pas si grave finalement.

— Sur la communication, mon conseil serait qu'on se taise tant que vous n'avez pas un projet précis à annoncer... Vous le savez, dans le domaine de la communication, on a besoin d'un récit complet. Or vous avez un début mais vous n'avez pas de fin...

Sans doute à ce moment-là, alors que j'ai envie de partir et que notre entretien touche à sa fin, Nilou Soyeux sent-elle qu'elle ne m'a pas convaincu et que sa mission diplomatique est un échec. Alors elle va changer de méthode et conclure notre discussion d'un avertissement qu'elle espère dissuasif.

— Vous savez, Julien, parler avec de la colère n'est pas la bonne solution. Si vous faites ça, ça va partir sur les réseaux sociaux, et vous le savez bien, vous avez des ennemis. Comme tout le monde…

Le message est clair. La main de fer est sortie du gant de velours et s'est abattue sur moi. Une fois de plus…

*

Cette fois, je n'en peux vraiment plus. Je ne veux pas en entendre davantage. Je n'ai qu'une envie, quitter ces bureaux pour toujours. Parce que ce sont des gens qui n'ont en fait aucune considération pour moi, aucun respect, qui n'ont rien compris à mon métier ni à la relation exceptionnelle que les téléspectateurs ont avec moi et moi avec eux. Rien, ils n'ont rien compris. Je pense surtout à tous mes téléspectateurs, à tous ceux qui suivent le jeu depuis des années, pour lesquels c'est un rendez-vous très attendu tous les jours en fin d'après-midi. Et aussi je pense à ce supplice chinois que je vais vivre chaque jour et que je vis depuis des mois maintenant : ne pas pouvoir faire trois pas dans la rue sans être arrêté par des téléspectateurs qui n'ont pas compris non plus et me disent : « Mais pourquoi on vous a fait ça ? », « Nous, c'est fini, on ne regarde plus », etc. Vingt à trente fois par jour. Des fidèles du jeu qui se sentent maltraités par France 3. Un soir du printemps dernier, j'étais à Nice en coulisses avec Gad Elmaleh et Kev Adams. Arrivent des parents de Kev Adams qui, eux aussi, étaient choqués. Ils voulaient comprendre cette décision de la chaîne et m'assuraient qu'ils avaient cessé de regarder depuis fin février : « Comment s'appelle la personne qui vous a fait ça, qu'on lui écrive ? Ce n'est pas possible !... Vous nous manquez trop. On ne regarde plus, c'est fini ! » On sentait qu'ils étaient vraiment touchés eux aussi.

Quel manque de respect des téléspectateurs de la part de dirigeants d'une chaîne publique, ces téléspectateurs qui sont le cœur de notre métier. Quelle ignorance chez ces gens-là. Quelle ignorance de leur propre métier ! Bouleverser un programme à l'antenne avec succès depuis vingt-huit ans sans un mot d'explication ! Je le redis, c'est ma blessure la plus profonde !

*

Cette rupture, c'est l'arbitraire de quelques personnes contre près de 2 millions d'autres qui suivaient le jeu tous les jours !

Honnêtement, on n'est pas loin du délit de sale gueule, finalement. Je suis un homme, blanc, de plus de cinquante ans qui est à l'antenne depuis vingt-huit ans. Le crime originel est là ! Rajeunissez-moi tout ça !

Or, il n'y a rien de pire qu'un licenciement incompris et en plus qui promet d'être archi-médiatisé. Imaginez-vous que pendant trente-trois ans je n'ai travaillé que pour France 3, je leur ai donné mon exclusivité, je n'avais pas le droit de travailler ailleurs en télévision. Je leur ai donné trente-trois ans de ma vie professionnelle !

Je quitte le bureau. Je descends seul dans le grand hall de France Télévisions et je sors sur le boulevard dans un état second. Je sors des locaux de ce qui aura été ma chaîne pendant trente-trois ans ! Je hèle un taxi et je m'en vais sans un merci ni un au revoir. Sans aucun égard. Juste cette leçon de morale hallucinante sur le fait que je ne suis pas « un cas social » (sous-entendu « qu'est-ce que vous avez à pleurnicher comme ça ? »), et surtout cette proposition dont je ne suis toujours pas revenu : que je déclare bien que c'est à ma demande que je quitte le jeu en pleine saison et perds mon emploi ! Quel cynisme et quelle brutalité !

Chapitre 8

Mes années RTL

Début 1981, comme rien ne me retient à Paris je pars m'installer quelque temps à Halifax en Nouvelle-Écosse, non loin de Saint-Pierre-et-Miquelon, où je tombe amoureux d'une Canadienne, Bernadette. Un jour, je reçois là-bas un coup de fil de RTL. On me dit que Monique Le Marcis, la directrice de la programmation musicale de la première radio de France, veut me rencontrer.

J'apprendrai plus tard que c'est Vline Buggy qui, lors d'un déjeuner avec Monique, lui a parlé de moi. Monique avait expliqué qu'elle cherchait un animateur pour remplacer André Torrent durant l'été à l'animation de l'émission « Challenger ». Vline lui a aussitôt dit qu'elle connaissait quelqu'un qui avait animé le « Hit-Parade » de RMC pendant cinq ans et qui, en plus, composait de belles chansons dont l'un des tubes du moment, *Pour le plaisir* d'Herbert Léonard.

Je prends aussitôt un avion pour franchir les 5 000 kilomètres qui me séparent de Paris et rencontrer Monique Le Marcis et Roger Kreicher, le directeur des programmes de RTL, rue Bayard.

En montant lentement et le cœur battant les vingt et une marches qui mènent au hall du 22 rue Bayard, je ne me doute pas que je vais y passer dix-huit ans de ma vie. Qu'entre 1981 et 1999, je vais animer dix-huit émissions différentes dont « Challenger », « le Hit-Parade » bien sûr, « Studio 22 », « Les ambassadeurs », « Départ immédiat », « Casino Parade », « Et pour vous qu'est-ce qu'on peut faire ? », « RTL vous offre vos vacances » ou le célèbre « Stop ou encore », etc.

Entrer à RTL, sans conteste la première radio de France, est quelque chose de très impressionnant pour moi. La station rassemble tous les plus grands noms de la radio de l'époque comme Anne-Marie Peysson, Maurice Favière, Max Meynier, Fabrice, Ménie Grégoire, Philippe Bouvard, Léon Zitrone, toutes ces grandes voix…

*

J'ai donc, sur la recommandation de mon amie Vline Buggy, été reçu et retenu par un homme de radio extraordinaire, Roger Kreicher. C'est lui par exemple qui aura l'idée des « Grosses têtes » en 1977 et qui rapportera des États-Unis les concepts de « La Valise RTL » ou de « La case trésor ». Et aussi par Monique Le Marcis qui avait débuté comme secrétaire de Roger Kreicher en 1959 à Radio-Luxembourg. Une très grande dame de la radio, une programmatrice hors pair dotée d'un flair incroyable qui se bat vraiment pour imposer les artistes en lesquels elle croit. Elle a déniché beaucoup de talents comme Joe Dassin, Dave, Mike Brant ainsi qu'un jeune chanteur espagnol qui venait de représenter son pays au Concours de l'Eurovision 1970, Julio Iglesias. Mais aussi, au début de ces années 1970, toute une nouvelle génération de chanteurs français comme Julien Clerc, Michel Sardou, Michel Jonasz ou Jacques Higelin.

Bien sûr, lors de cet entretien, je demande à Roger Kreicher si ce n'est pas gênant que je sois compositeur et créateur de chansons et que j'anime en même temps « Challenger » sur RTL. Il m'assure que cela ne pose aucun problème et je suis engagé pour ces trois mois de remplacement…

RTL pour moi, a été une école incroyable ; j'y ai appris beaucoup. J'ai tout de suite adoré l'ambiance de la station, cette atmosphère populaire et familiale. Le contact direct et chaleureux avec les auditeurs était la priorité de tous rue Bayard. C'était une maison où l'on respectait vraiment son public. Ce qui m'est arrivé à France 3 n'aurait pas été imaginable à l'époque sur RTL.

*

Comme Arthur, je suis un pur produit de la radio. Cinq années à RMC, dix-huit à RTL. Quand vous sortez de là, vous savez ce que c'est que l'audience. Vous savez fabriquer des émissions qui marchent. Qui rencontrent leur public ! D'où mon désaccord total sur le fond avec les dirigeantes de France Télévisions. À RTL, j'ai appris à avoir du flair, à faire des émissions populaires. Populaires de qualité. J'ai aussi appris à fidéliser un public. Quand on rassemble 2 millions de personnes à 18 heures, c'est un fantastique succès, non ? ! Surtout sans sexe ni fric. « Questions pour un champion », c'est uniquement du question-réponse. Et les cagnottes sont difficiles à remporter. Certes, un jour, un candidat a remporté 150 000 euros mais c'est très rare.

Pour créer au fil des années cette relation, ce lien indéfectible avec les fidèles du jeu, j'ai appliqué ce que j'ai appris en radio. C'est difficile à expliquer. Disons qu'il s'agit d'une sorte de griffe… Les gens chez eux, devant leur télé, ont besoin d'amour. C'est tellement vrai. Ils ont besoin qu'on s'adresse à eux, qu'on s'intéresse à eux. Que l'animateur ne fasse pas uniquement sa cuisine autour d'une table avec des chroniqueurs, qu'il ne se préoccupe pas que de son ego et de son audimat, etc. Moi, je m'adressais beaucoup à la caméra et donc aux gens.

*

Rue Bayard, j'ai eu la chance de croiser nombre de grands noms de la radio. Max Meynier, Anne-Marie Peysson, Ménie Grégoire, Dominique Farran, Georges Lang, Bernard Schu, des grands journalistes aussi ; le journal de 18 heures de Jacques Chapus, c'était quelque chose.

Il y a deux ans, Georges Lang m'a invité et nous avons fait trois heures d'émission avec ma programmation. Moi qui viens du monde de la musique, j'écoute tout ce qui se fait de mieux sur la planète. Quand Georges fait ses *Beach Parties*, c'est formidable. C'est un très grand animateur et un immense programmateur, il possède plus d'un million de disques et une culture musicale inégalable.

*

Mais pour moi, à RTL, un animateur était au-dessus de tout le monde, un très grand maître doué d'une facilité étonnante. Alors que j'étais plutôt besogneux, il arrivait en studio sans rien préparer. Trois, quatre et ça démarrait, ça déconnait, c'était parti pour deux heures sans une erreur ! Son nom ? Fabrice. Un as en impro totale !

« Casino Parade », « La case trésor », la célèbre « Valise RTL »… il avait une agilité, une aisance dans l'animation uniques. Je le regardais, je l'observais et j'apprenais beaucoup.

J'ai eu la chance de croiser un autre monument de la radio, Philippe Bouvard. Lui aussi possède une incroyable facilité, une culture époustouflante et une curiosité tous azimuts. Et surtout une force de travail incroyable. À un moment, il devait avoir quelque chose comme quinze employeurs, *France Soir*, RTL, *Le Figaro*, ses éditeurs. Il n'arrêtait pas…

Profonde admiration et profond respect pour des carrières aussi exemplaires et aussi longues. Philippe Bouvard a débuté sur les ondes de Radio-Luxembourg au début des années 1960 et plus de cinquante ans plus tard, il est toujours là le week-end sur RTL ! Il a créé « Les grosses têtes » en 1977 et a animé cette émission culte jusqu'en 2014 !

Vous voyez, on reparle de longévité. Et pour moi le chef-d'œuvre ultime, c'est la longévité. Dans cette époque de zapping permanent, de course de vitesse effrénée, durer au plus haut niveau est ce qu'il y a de plus difficile. Et puis, permettez-moi de le dire, la jeunesse n'est pas une garantie de modernité.

J'ai beaucoup apprécié également Philippe Labro qui a été mon directeur général pendant mes dix-huit ans à RTL. Un vrai patron, très brillant intellectuellement, très cultivé. Il a été un modèle aussi dans le management, même si je l'ai trouvé un peu dur parfois. Lui quand il recadrait quelqu'un, c'était clair et net.

Je me souviens notamment du soir de 1992 où il a décidé de retirer de l'antenne Patrick Sabatier qui venait d'être mis en examen dans une affaire de faux mage[1]. Dans la nuit, Claude Hemmer, le réalisateur des émissions de Patrick, a dû chercher des solutions d'urgence. Jean-Pierre Foucault a repris « Les ambassadeurs » et moi l'émission « Départ immédiat ».

Quand vous passez dix-huit ans dans une maison comme RTL, entouré de tels géants, vous savourez votre chance, la richesse de ces figures majeures et une expérience forte. À force de regarder ces grands professionnels travailler, vous apprenez ce qu'il faut faire pour faire gagner une équipe, une idée, une émission.

*

Un de mes plus grands souvenirs restera la soirée spéciale de « Chanteurs sans frontières » en octobre 1985 à la Courneuve. Qui fait suite au « Live Aid », un double concert organisé à Londres et à Philadelphie en juillet 1985 par Bob Geldof et Midge Ure en

1. Patrick Sabatier avait présenté dans l'émission « Si on se disait tout », en décembre 1990 sur TF1, un mage guérisseur qui s'est ensuite avéré être un escroc. Mis en examen pour « complicité d'escroquerie », il sera licencié par TF1 et RTL avant d'être relaxé en octobre 1995.

faveur des victimes de la famine en Éthiopie. Le « Live Aid » avait été télévisé dans le monde entier et on estime à 1,5 milliard le nombre de téléspectateurs... Il y avait les Who, Elton John, Phil Collins, Bob Dylan, Joan Baez, Santana, les Beach Boys, Madonna, Queen, U2, Dire Straits, Sting, Paul McCartney, Led Zepellin, etc. Sans doute les deux plus grands concerts de tous les temps.

Avec Valérie Lagrange, Renaud s'est mobilisé pour organiser le même genre de manifestation avec les plus grands artistes français. Sept mois après la sortie en mars du single *SOS Éthiopie* qui s'est vendu à plus de 2 millions d'exemplaires au bénéfice de Médecins sans frontières.

Ce dimanche 13 octobre 1985, dans le parc de la Courneuve et malgré la pluie, se déroule un superbe moment d'œcuménisme. Entre les chanteurs et aussi entre les médias puisque RTL, Europe 1 et Antenne 2 retransmettent la soirée. Michel Drucker commente pour Antenne 2 et moi pour RTL. Tout le monde est là : Michel Berger, Francis Cabrel, Julien Clerc, Coluche, France Gall, Jacques Higelin, Jean-Jacques Goldman, Renaud, Véronique Sanson, Alain Souchon,

Téléphone, Johnny Hallyday, Bernard Lavilliers, etc. C'est la seule fois où Daniel Balavoine et Jean-Jacques Goldman ont chanté ensemble sur scène !

Je me souviens qu'à la fin du show, on a fait une photo avec tous les artistes. Je suis juste à côté de Coluche, très impressionné par ce moment que je sens historique. On peut dire que ce soir-là correspond aux prémices des concerts des Enfoirés pour les Restos du cœur…

*

Nos carrières d'animateurs sont, hélas, souvent ponctuées par les disparitions d'artistes. Personnellement, j'ai été très marqué par la mort de Daniel Balavoine, parti si brutalement, victime d'un accident d'hélicoptère dans une tempête de sable sur le Paris-Dakar. C'était le 14 janvier 1986 en plein désert malien [1]. La terrible nouvelle ne sera connue en France que le lendemain dans la matinée et je me revois en début de

1. Thierry Sabine, le créateur et organisateur du rallye, la journaliste du *Journal du dimanche* Nathalie Odent, le technicien radio de RTL Jean-Paul Le Fur et le pilote de l'hélicoptère François-Xavier Bagnoud sont également décédés dans cet accident.

soirée dans le grand studio de RTL pour une émission hommage avec Michel Berger et Jean-Jacques Goldman.

Dès le matin, Philippe Labro avait décidé de bouleverser tous les programmes de la station. Nous étions tous très mal. Une émotion de folie hantait RTL. Monique Le Marcis qui adorait Daniel était effondrée. Six mois plus tôt, elle avait fait se rencontrer pour la première fois Goldman, Berger et Balavoine en les emmenant justement au concert « Live Aid » du stade de Wembley à Londres. Michel lui aussi aimait beaucoup Daniel, qu'il avait choisi en 1978 pour le personnage de Johnny Rockfort dans sa comédie musicale *Starmania*. Avec sa voix très haute, Balavoine y interprétait deux chansons qui ont été des énormes tubes : *Quand on arrive en ville* et *SOS d'un terrien en détresse*. Ils étaient devenus très amis et sa disparition, si brutale, constituait un choc absolu. Décéder à trente-trois ans alors qu'on va sur un rallye pour une association humanitaire…

Comme pour la disparition de Claude (François) ou celle de Coluche, tout le monde se souvient de ce qu'il faisait au moment où il a appris le décès de Daniel… Dans le studio, l'émotion était terrible et il a fallu faire le conducteur de l'émission hommage avec un Michel et un Jean-Jacques bouleversés. Quelle détresse… Nous avons tenu l'antenne trois heures à repasser ses disques, *Je ne suis pas un héros, Mon fils ma bataille, L'Aziza,* etc., à raconter nos souvenirs et les grands moments de sa trop courte carrière. Souvent entre rires et larmes.

*

Daniel Balavoine avait vraiment une personnalité hors du commun. Homme libre qui disait ce qu'il pensait, il était capable de la ramener beaucoup et de pousser des coups de gueule très politiques… Personne n'a oublié son débat avec François Mitterrand lors d'un Journal de 13 heures sur France 2 en mars 1980. Parce qu'il avait peur de ne pas pouvoir parler, il s'était lancé dans un monologue qui reste dans les esprits. Il avait d'abord regretté qu'il n'y ait « jamais eu de jeune ministre de la Jeunesse » et surtout avait interpellé Mitterrand en lui disant que « la jeunesse était profondément désespérée parce qu'elle n'avait plus d'appuis », « qu'elle ne croyait plus en la politique française » avant d'ajouter : « Ce que je peux vous dire, c'est que le désespoir est mobilisateur, que c'est dangereux et que ça entraîne le terrorisme... Il faut que les grandes personnes qui dirigent le monde soient prévenues que les jeunes vont finir par virer du mauvais côté parce qu'ils n'auront plus d'autres solutions... » Quand on réécoute ses propos trente ans plus tard et dans le contexte qui est le nôtre aujourd'hui, ça fait froid dans le dos, non ?

Daniel était aussi un très grand musicien. En octobre 1985, il avait sorti *Sauver l'amour*, un album majeur qui allait devenir le symbole de toute une génération ; et sa chanson *L'Aziza* sera d'ailleurs un mois après sa mort numéro un au « Hit-Parade ». Le single se vendra à plus d'un million de copies et l'album à 1,2 million. C'était un disque très engagé aussi, où l'on retrouvait tous les thèmes qui lui étaient chers comme cette jeunesse incomprise ou la lutte contre le racisme...

Un mois jour pour jour avant sa mort, Daniel – qui était très proche de SOS Racisme – participait au lancement des premiers Restos du cœur avec son ami Coluche.

Je me souviens de la dernière image que j'ai de lui, trois semaines avant l'accident. Je l'avais croisé et il était inquiet pour le succès de *l'Aziza* qu'il avait écrite en pensant à Corinne, sa femme qui est juive marocaine, et je lui avais dit que pour moi il s'agissait vraiment d'une très grande chanson que je sentais promise à un bel avenir.

*

Je me demande souvent comment Daniel Balavoine, qui serait âgé de soixante-quatre ans aujourd'hui, aurait évolué avec le temps, dans ses engagements, sa sincérité. De même pour Claude François que j'ai mieux connu encore. Il possédait une telle volonté de réussir en raison de sa relation très difficile avec son père que le départ forcé d'Égypte, suite à la nationalisation du canal de Suez par Nasser en 1956, avait brisé et ruiné. Ça lui a donné une telle hargne, une telle gnaque. S'il n'était pas toujours un brillant homme d'affaires, je pense qu'aujourd'hui Claude investirait dans toutes les start-ups, les chaînes de télé numériques, et y réussirait.

À RTL, radio très proche de tous ces artistes, l'année 1986 a été très cruelle puisque cinq mois après la mort de Daniel, Coluche se tuait à moto en juin et cinq mois plus tard, Thierry Le Luron nous quittait...

J'ai beaucoup apprécié Thierry, qui était un personnage secret et surprenant. Venant d'un milieu très modeste, Thierry, vers seize ou dix-huit ans, rêve d'être chanteur. À l'époque, le groupe qu'il a formé avec ses copains du lycée de Chatenay-Malabry s'appelle Les rats crevés ! En 1970, il remporte « Le jeu de la chance », premier télécrochet de la télévision française, en interprétant de sa voix grave *La Quête* de Jacques Brel. Mais ses dons sidérants d'imitateur et son sens du comique l'emportent assez vite. C'est avec moi qu'il a fait sa dernière apparition sur scène. L'événement a eu lieu sous un chapiteau à Brignoles dans le Var, en septembre 1986, deux mois avant sa disparition. Je le revois arriver, alors que Paris bruisse du fait qu'il est au plus mal. Il entre dans la loge et, avec son sourire inimitable, me dit : « Julien, je te signale que je suis en pleine forme ! » Physiquement, il n'a pas bougé. Tout le monde murmure : « Oh là là, Le Luron est très malade » et je le trouve exactement comme avant. Il me regarde et me lance : « Tu vas voir ce que je vais leur mettre au Palais des Congrès ! Je suis en train d'écrire un nouveau spectacle pour l'année prochaine, ça va être quelque chose ! » Et il me balance quelques vacheries dont il a le secret sur le Tout-Paris.

Ce soir-là, il a fait son show, virevoltant comme aux plus belles heures. Deux mois après, il nous quittait ! Ça a été fulgurant !

Je suis un homme de télévision, je suis…

*

Toutes ces disparitions ont été des chocs terribles pour moi. Et il y en a eu tant d'autres ! Joe Dassin en août 1980, Michel Berger douze ans plus tard, tous les deux d'infarctus du myocarde.

Michel était un grand auteur-compositeur-interprète. Du niveau d'un Serge Gainsbourg mais hélas avec une carrière bien plus courte…

Sa sensibilité à fleur de peau lui a permis de créer des chansons qui ont touché le public. *La Déclaration d'amour* pour France Gall, *Message personnel* pour Françoise Hardy, *Quelque chose de Tennessee* et *Le Chanteur abandonné* pour Johnny Hallyday, les comédies musicales *Starmania* et *La Légende de Jimmy* avec Luc Plamandon. On ne compte plus ses succès. Sans oublier ses propres tubes comme interprète : *La Groupie du pianiste, Quelques mots d'amour, Mademoiselle Chang, Le Paradis blanc,* son dernier succès en 1990.

Il était aussi quelqu'un qui savait très bien ce qu'il voulait, qui avait créé sa propre maison de disques, Apache, en 1982. Et très impliqué. Il avait été actif dans la naissance des Chanteurs sans frontières en 1985 et des Restos du cœur avec Coluche. D'ailleurs, les décès de ses deux amis Daniel Balavoine et Coluche en 1986 le marquèrent profondément…

Tout comme il a été très touché par la violente polémique qui a entouré *Allah,* cette chanson de Véronique Sanson terriblement prémonitoire dont il avait fait les arrangements. *Allah,* écrite par Véronique, racontait l'histoire d'une jeune femme kamikaze qui, par amour pour un homme, se fait exploser au nom de son dieu. On est début 1989 en pleine affaire des *Versets sataniques* de Salman Rushdie alors que l'ayatollah iranien Khomeini vient de lancer sa *fatwah* contre l'écrivain britannique. Véronique va recevoir des menaces de mort pour avoir chanté cette chanson qui, à ses yeux, est totalement pacifiste ! Vingt-sept ans plus tard, on se rend compte qu'on n'a guère avancé et c'est assez terrifiant…

*

Coïncidence amusante, mes dix-huit années de carrière à RTL seront jalonnées par dix-huit émissions différentes.

Il y a bien sûr la première, « Challenger », que j'ai présentée d'abord durant l'été 1981 avec mon ami Alain Ruyer comme technicien et réalisateur. On opposait un grand tube du moment à une nouveauté et les auditeurs devaient les départager. Je me souviens que quand une chanson tenait trop longtemps à l'antenne, Monique Le Marcis nous disait de passer ce qu'elle appelait son « titre assassin », celui qui l'emportait à tous les coups : *Hotel California* des Eagles !

Dans « RTL vous offre vos vacances » que j'ai animé durant l'été 1997, un jeu s'appelait « Trois mots pour une chanson ». On tirait au sort un auditeur qui avait envoyé une carte postale, on lui faisait écouter les cinq premières secondes d'un grand tube comme *Les Lacs du Connemara* et je lui lisais une liste de sept mots en lui demandant de trouver les trois qui figurent dans le texte de la chanson. Après, on lui offrait une somme proportionnelle à la distance aller-retour entre son domicile et son lieu de vacances.

Pour « Départ immédiat », les auditeurs devaient répondre à des questions sur une destination touristique comme Barcelone ou Venise et pouvaient gagner un départ tous frais payés trois, quatre jours plus tard.

Dans « Une journée pas comme les autres », les auditeurs remportaient des soirées hors du commun avec un spectacle

JULIEN À 4 ANS
avec sa petite sœur Carole chez Mireille, sa marraine et nourrice, à Sens dans l'Yonne.

CHANTEUSE RÉALISTE
dans les années 1950-1960, sa mère Maria Rémusat reprend des chansons d'amour de Charles Aznavour, Gilbert Bécaud et Boris Vian.

L’UN DE SES PREMIERS passages télé en 1975 avec l’animateur et producteur Albert Raisner.

© MF / Abaca

ALORS QU’IL ANIME le *Hit Parade* de RMC, Julien Lepers en 1975 dans les studios de la station avec Julien Clerc et une auditrice.

Collection personnelle Julien Lepers

PRINTEMPS 1975 : animateur du *Hit Parade*, Julien Lepers est venu à Paris pour remettre la Coupe RMC du meilleur chanteur à Claude François dans ses bureaux du boulevard Exelmans.

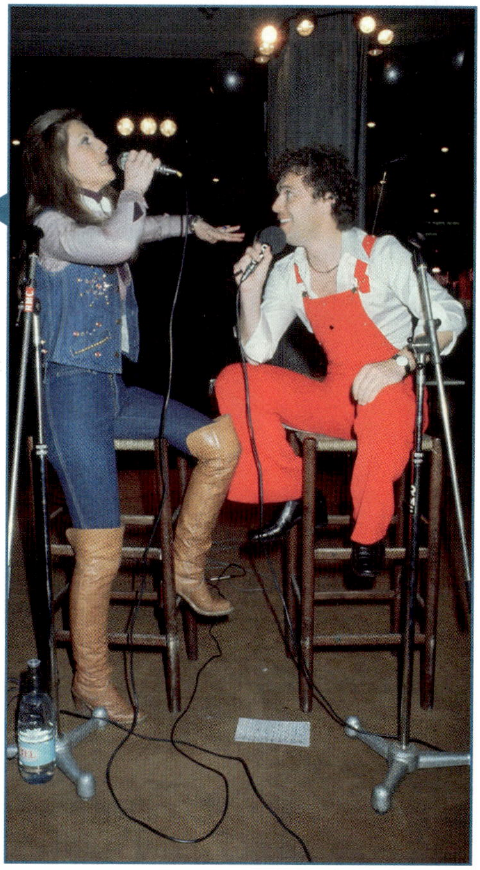

AVEC SHEILA lors d'une opération RMC à l'occasion de l'ouverture du centre commercial de La Part-Dieu à Lyon à l'automne 1975.

SHEILA ET JULIEN LEPERS ont été rejoints par Jean-Pierre Foucault, également animateur sur RMC.

IMPROVISATION PIANO-VOIX avec Véronique Sanson chez lui à Antibes en 1977.

IMPATIENT de conquérir Paris, Julien Lepers a quitté Monaco et le *Hit Parade* de RMC à l'été 1978… Il mettra plus de deux ans à retrouver un micro à RTL.

DE 1973 À 1978, Julien Lepers va animer le *Hit Parade* de Radio Monte Carlo.

ÉTÉ 1981, Julien Lepers est recruté sur RTL pour remplacer André Torrent à l'animation de l'émission *Challenger* durant trois mois. Il y restera dix-huit ans !

CHEZ LUI sur les remparts d'Antibes avec Herbert Léonard en 1982.

AVEC LIONEL RICHIE et Herbert Léonard qui représentent les États-Unis et la France au concours international Yamaha de Tokyo en mars 1983.

Collection personnelle Julien Lepers

DIMANCHE 13 OCTOBRE 1985
à la Courneuve : pour le concert des Chanteurs sans frontières tous les grands de la chanson française sont là. Julien Lepers (tout à gauche) et Michel Drucker (en pull rouge) commentent pour RTL et Antenne 2.

DIMANCHE 13 OCTOBRE 1985 à la Courneuve : aux côtés de l'animateur de RTL, Dave, Coluche, Jacques Higelin et Diane Dufresne.

DANS LA FOULÉE de l'immense succès de *Pour le plaisir* composé par Julien Lepers, Herbert Léonard et l'animateur de RTL, ici en 1982, sont devenus très amis.

LE 10 MARS 1986, au cours de l'émission *C'est encore mieux l'après-midi*, Julien Lepers, qui remplace Christophe Dechavanne pendant ses vacances, est déshabillé en direct par quatre playmates.

JULIEN LEPERS et la comédienne Véronique Jannot présentent le Midem 1987 au Palais des festivals de Cannes.

© Benaroch / Sipa

LE 1er FÉVRIER 1986, Julien Lepers anime sur FR3 l'émission *La Nouvelle Affiche* spécial Midem au Palais des congrès de Cannes et accueille Jean-Jacques Goldman et Michel Berger.

Collection personnelle Julien Lepers

VALEUR MONTANTE de la station, Julien Lepers pose avec deux stars de RTL : Anne-Marie Peysson et Max Meynier.

© Jean Lenoir via Bestimage

LE 7 NOVEMBRE 1988, un nouveau jeu débute sa longue carrière sur l'antenne de FR3 : *Questions pour un champion* sera animé par Julien Lepers jusqu'au 20 février 2016.

LE POUCE LEVÉ, Julien Lepers célèbre la nouvelle Miss France 1992, Linda Hardy, Miss Pays de Loire 1991.

QUATRE ANNÉES de suite, de décembre 1991 à décembre 1994, Julien Lepers présentera la finale du concours Miss France en collaboration avec Geneviève de Fontenay et son fils Xavier.

EN DÉCEMBRE 1993, avec Valérie Claisse fraîchement couronnée Miss France 1994.

© Bernard Leguay via Bestimage

NOVEMBRE 1993, cinq gâteaux pour fêter les cinq ans de *Questions pour un champion* sur France 3.

LE JEUDI 5 DÉCEMBRE 1996, entouré de ses parents Raymond et Maria et devant l'académicienne Hélène Carrère d'Encausse, il se voit remettre par Alain Decaux le prix de l'Académie française « pour sa contribution au rayonnement de la langue française ».

Collection personnelle Julien Lepers

JULIEN AVEC SA MÈRE Maria Rémusat lors d'un numéro spécial de l'émission de Pascal Sevran *La Chance aux chansons* sur France 3.

© Michel Croizard via Bestimage

© Michel Marizy / Télé 7 Jours / Scoop

AVEC CLAUDIA CARDINALE, à l'occasion d'une grande finale des Masters de *Questions pour un champion*.

© Agence / Bestimage

LE 7 AOÛT 1998, Julien Lepers et toute l'équipe de *C'est l'été* sur France 3.

© Jack Guez / AFP

2 OCTOBRE 1999 : très ému, Julien Lepers vient de recevoir des mains de Linda Hardy le Sept d'or du meilleur divertissement pour les Masters de *Questions pour un champion*.

À L'OCCASION d'un *Questions pour un champion* spécial animateurs de France 3 avec Patrick Chêne, Pascal Brunner, Henri Sannier et Laurent Broomhead.

© Coadic Guirec / Bestimage

© Oussama Ayoub / Sipa

LE 29 DÉCEMBRE 2001 à Beyrouth, Julien Lepers anime la finale de Miss Europe qui est remportée par une Française, Élodie Gossuin, pour la première fois depuis 45 ans !

AU COURS DE L'ÉMISSION *Le Fabuleux Destin de Julien Lepers* animée sur France 3 par Isabelle Giordano en 2003, Julien Lepers chante accompagné par la parolière Vline Buggy et Herbert Léonard.

Collection personnelle Julien Lepers

AU MICRO D'INTERVILLES de 2006 à 2008, Julien Lepers n'a pas hésité à payer de sa personne. Ici lors du match Tours-Saintes le 9 juillet 2007.

AVEC GUY CARLIER son meilleur ennemi pour un duo inattendu au micro de la finale de l'Eurovision 2005 à Kiev.

LORS DE LA FINALE de l'Eurovision 2008 à Belgrade avec son co-animateur le couturier Jean-Paul Gaultier et le candidat français Sébastien Tellier.

© Olivier Borde / Bestimage

LE 6 DÉCEMBRE 2012 sur la scène du Lido, Julien Lepers annonce à Omar Sy qu'il a remporté le Globe de cristal du meilleur acteur pour le film *Intouchables*.

FIN MARS 2015, Julien Lepers et Herbert Léonard chantent *Pour le plaisir* à l'occasion du Sidaction 2015.

© Gorassini-Moreau / Bestimage

© Sébastien Botella / PhotoPQR / Nice Matin / MAXPPP

PIANISTE DE JAZZ de haut niveau, Raymond Lepers, ici en juin 1988, a continué de jouer jusqu'à sa disparition en décembre 2014.

© Frédéric Dugit / PhotoPQR / Le Parisien / MAXPPP

LE 13 MAI 2012, Michel Drucker accueillait Julien Lepers et sa mère Maria Rémusat dans son émission *Vivement dimanche*.

INVITÉ DE Patrick Sébastien pour l'émission *Ze Fiesta* du 25 décembre 2015, Julien Nabilla Lepers illustre à sa façon la chasse à l'homme, blanc, de plus de cinquante ans...

© Giancarlo Gorassini / Bestimage

comme une première à l'Olympia ou au théâtre, suivi d'un dîner au Fouquet's et d'une nuit dans un palace parisien.

J'avais aussi animé en décembre 1996 une émission spéciale intitulée « Tables en fête » dans laquelle je faisais gagner trois réveillons d'exception signés Lenôtre.

Et puis, comment ne pas parler du célèbre « Stop ou encore », que j'ai animé de 1986 à 1998 ? Je succédais alors à la grande Anne-Marie Peysson. On démarrait une série de cinq chansons maximum d'un artiste et, à la fin de chaque disque, on voyait avec le standard de RTL si les auditeurs disaient « stop » ou « encore ». Je me souviens qu'une fois avec Johnny Hallyday – je crois que c'était un 1er janvier à la fin des années 1980 – on a fait toute la matinée. Les gens ne cessaient d'appeler pour qu'on continue… Jusqu'au moment où Henri Agogué, le chef d'antenne, nous a suggéré d'appeler Johnny, alors en vacances dans la Creuse avec Nathalie Baye, pour qu'il rappelle la radio et demande lui-même qu'on cesse de passer ses disques. Ce qu'il a fait avec sa gentillesse habituelle. Une autre fois, avec Sardou, nous avons tenu une journée entière ! D'ailleurs l'expression « Stop ou encore » est entrée dans le langage populaire…

*

Une fois par an, fin décembre, dans « Stop ou encore » nous organisions « La vente aux enchères ». Pendant tout un week-end, la station mettait aux enchères en direct des disques d'or, de platine ou de diamant des plus grands artistes du moment comme Michael Jackson, France Gall ou Johnny Hallyday. Souvent offerts par Monique Le Marcis d'ailleurs. C'était au bénéfice de l'association « Soleil d'enfance » qui, avec l'argent récolté, pouvait acheter chaque année deux ou trois minibus permettant d'emmener des enfants handicapés voir des spectacles ou des expositions. Je sais que Monique avait été très marquée par un adolescent qui avait joué et vidé son carnet de Caisse d'épargne pour acheter 50 000 francs, une fortune à l'époque (environ 7 500 euros), un disque d'or de Johnny. Il y tenait tellement qu'après il le cachait dans la cave chez ses parents. D'ailleurs, un jour, Monique qui ne l'avait pas oublié l'a invité à un « Journal inattendu » en direct d'Aubusson-en-Creuse.

C'était aussi ça, la marque de fabrique de RTL. Une empathie sincère avec les auditeurs, de grands jeux populaires fondés sur la convivialité et la bonne humeur comme « La valise RTL », « La case trésor » ou une émission unique comme « Les grosses têtes » qui fêtera l'an prochain ses quarante ans d'antenne.

« Patience et longueur de temps font plus que force ni que rage », écrivait La Fontaine dans sa fable *Le Lion et le Rat*…

CHAPITRE 9

Fin décembre 2015-janvier 2016

Le bal des faux-culs

Revenu chez moi, je suis sonné. Ils m'ont mis dehors, dépossédé de ma passion. Je suis comme vidé, dépourvu d'envie. Et surtout je me sens trahi. Tellement sali aussi. Comme tout le monde, j'ai un ego et je me sens humilié sur la place publique. Et bien sûr horriblement déçu par tant d'ingratitude.

Nous sommes alors à quelques jours des vacances de Noël et France Télévisions a décidé de ne pas communiquer du tout. Ils savent qu'avec les émissions que j'ai enregistrées jusqu'au 2 décembre au soir, je serai physiquement présent à l'antenne jusqu'au 20 février 2016.

Mais leur joli plan va très vite être bouleversé par une fuite dès l'après-midi du 14 décembre. Trois heures à peine après la fin de mon rendez-vous avec Dana Hastier.

Laquelle a toujours dit qu'elle était persuadée que c'est moi qui m'étais empressé de balancer à la presse à peine sorti de son bureau…

Erreur totale ! Je n'ai jamais rien dit.

*

En sortant du siège de France Télé, j'appelle mon ami G. qui travaille avec moi depuis très longtemps. Je déjeune avec lui *Chez Georges* porte Maillot et lui raconte mes discussions surréalistes avec les dirigeantes de France 3. Lui n'en revient pas non plus. Il essaye de me remonter le moral et voit très vite qu'il va avoir du mal… Je sens qu'il est aussi bouleversé que moi.

Ensuite, et je m'en souviendrai toute ma vie, on sort du restaurant et alors que je m'apprête à monter dans ma voiture, mon portable sonne. J'entends la voix d'une jeune femme un peu affolée :

— Allô, monsieur Lepers ? C'est bien vous, Julien Lepers ? C'est le magazine *Téléstar* à l'appareil. Vous êtes au courant du bruit qui circule dans Paris ?

Je suis saisi et je bredouille :

— Mais quel bruit ? De quoi parlez-vous ?

— Eh bien, il paraît que FremantleMedia organise des castings pour vous remplacer à la présentation de « Questions pour un champion ». Vous êtes au courant ?

Là, je ne sais pas trop quoi répondre. Je sais que si je dis un mot de travers ce sera comme une étincelle dans un baril de poudre et je m'entends lui rétorquer :

— Non, j'ignore de quoi vous me parlez, je ne suis pas au courant… Tout ce que je peux vous dire, c'est que je serai à l'antenne ce soir !

Et je raccroche très vite.

*

Trois minutes plus tard, l'information que je n'ai pourtant pas confirmée est sur le site internet de *Téléstar* et, à partir de là, le brasier s'enflamme. Mon portable sonne toutes les trente secondes. Je crois que je reçois un coup de fil de tous les organes de presse français qui veulent rebondir sur la rumeur des castings secrets de FremantleMedia pour me remplacer… Je comprends que c'est parti et que je ne peux plus rien contrôler. En tout, j'ai dû avoir une centaine de demandes d'interview. Au bout d'un moment, je ne décroche même plus. Il est évident qu'il était difficile d'organiser des castings d'animateurs pour une émission comme celle-là sans qu'il y ait la moindre fuite. Il paraît qu'ils avaient même testé des animatrices.

À ce moment, c'est vraiment parti dans tous les sens. Je constate vite que les gens prennent fait et cause pour moi et ne comprennent pas non plus pourquoi la direction de France 3 me vire en pleine saison avec les scores que fait l'émission.

Le mercredi 17 décembre dans l'émission « News & Compagnie » sur BFM-TV, c'est mon ami Patrick Sébastien qui, parmi les premiers, vient à mon secours. Bien qu'il soit en fin de contrat en juin 2016 et donc en pleine renégociation avec France Télévisions, il oublie très vite son obligation de réserve et dit ce qu'il a sur le cœur avec son courage et sa franchise habituels : « C'est une bêtise monumentale ! Julien représente quelque chose de populaire mais, le pauvre, il a un certain âge, et moi aussi. »

Âgé de soixante-deux ans, l'animateur du « Plus grand cabaret du monde » sait que lui non plus n'est pas à l'abri : « Il se trouve qu'en ce moment, il y a une sorte de chasse… Nous, les animateurs, on a des dates de péremption. Nos téléspectateurs n'en ont pas, mais il y a peut-être une nouvelle mode dans notre maison qui consiste à jeter les vieux. Pourquoi pas, ce n'est pas grave… »

En quelques phrases bien senties, Patrick a dit ce qu'il fallait en dénonçant l'insupportable chasse aux seniors qui se déroule depuis quelques mois dans les couloirs de France Télévisions. Avant d'annoncer que les téléspectateurs de France 2 pourraient me retrouver comme ils ne m'ont jamais vu sur France 2 le soir de Noël dans son émission « Ze Fiesta » sur la scène de l'Olympia. Et pour cause, puisque j'y apparais travesti en Nabilla Lepers ! Un sacré clin d'œil à destination de certaines chasseuses d'hommes !

*

À la mi-décembre, face à la menace d'une mauvaise polémique, Dana Hastier donne quelques interviews pour calmer tout le monde.

Au site PureMedias.com, elle déclare qu'en fait « il y a confusion » : « On a lancé des castings car on a commandé deux pilotes pour de nouveaux jeux le week-end. Du coup on a rencontré pas mal de gens. Nous nous sommes parlé hier avec Julien

Lepers. Il sera là en janvier, il n'y a pas de problème… »

Circulez, y a rien à voir. Ce qui démontre bien que dans cette affaire, tout est factice ! Elle sait qu'en disant cela, elle ne ment pas. Puisque j'ai enregistré des émissions d'avance jusqu'au 20 février, je serai effectivement à l'antenne sur France 3 en janvier ! Mais elle sait aussi que la décision est prise et que, courant décembre, je vais recevoir ma lettre de licenciement. Pour calmer les journalistes, ça ne la gêne donc pas d'utiliser ce stratagème. Un de plus. Histoire de gagner un peu de temps.

J'ai rarement vu ça. Moi, je n'ai pas l'habitude de ce genre de sphères et de manipulations, je travaille dans la confiance, dans l'empathie, dans l'amour et la bienveillance. Moi, je les aime, les gens ! Je ne fais pas semblant ! J'avoue qu'à ce moment, je suis déstabilisé par une telle haine. Pourquoi ? Comment ? D'où vient-elle ? La forme est terrifiante de A à Z. Non seulement je ne comprends pas mais ça me fait très mal. Je ne pensais pas ressentir une telle souffrance. Vraiment pas. En disant que je serai à l'antenne en janvier, elle croit mystifier les journalistes mais forcément il y en a qui enquêtent et qui, très vite, découvrent le pot aux roses...

*

Je ne tarderai pas à avoir des nouvelles des dirigeants de France 3, qui pensent arranger les choses avec leur idée d'émission hommage. Comme si j'étais mort...

Bientôt, je reçois un appel d'Emmanuel Garcia, un peu gêné :

— Écoute Julien, France 3 voudrait organiser cette émission hommage et on voudrait savoir dans quel état d'esprit tu es pour envisager un enregistrement...

Je lui demande de préciser ce qu'ils veulent et il me dit qu'ils aimeraient que je sois en plateau pour faire une petite déclaration et commenter les images d'archives. Et aussi que j'adoube mon successeur ! Décidément, ces gens ne doutent de rien...

— Tu n'as pas l'impression d'aller trop loin, là ? Tu te sens bien quand tu fais ça ?

Il me répond juste :

— Tu fais ce que tu veux, c'est toi qui vois...

Je tente de lui faire un petit laïus sur la violence de ce que je vis, il ne réagit quasiment pas, me laisse parler. Puis il me dit que

Laure Chouchan va m'appeler et que je n'aurai qu'à lui dire ce que je décide.

Une demi-heure plus tard, Laure m'appelle. Pas à l'aise du tout.

— Tu sais, Julien, je ne pouvais pas te téléphoner avant… il fallait que j'aie le feu vert d'Emmanuel Garcia…

Alors là, je lui dis :

— Écoute Laure, tout ça, tu le savais depuis au moins un mois et demi alors je t'en prie, fais vite et va droit au but…

Elle tente de me jurer que non, elle ne savait rien, je lui rétorque que je ne la crois pas une seule seconde. Elle n'avouera jamais mais selon moi elle fait partie des personnes qui étaient dans la confidence et ont organisé les castings dans mon dos… Je lui demande un peu sèchement :

— Bon, qu'est-ce que vous voulez, là ?

Elle est toujours aussi embarrassée :

— Bah, on est en train de préparer une émission hommage et ce serait bien que tu viennes sur le plateau raconter les grands moments du jeu.

Une fois de plus, je ne crois pas ce que j'entends :

— Mais Laure, vous savez que vous venez de me licencier et vous me demandez de revenir dans le studio pour travailler… Il faudrait savoir. Mettez-vous d'accord…

*

Quelques jours après, le mardi 22 décembre, Monica Galer me convoque dans les locaux de FremantleMedia pour un « entretien préalable de licenciement ». Cette fois, comme le prévoit la loi, je demande à être accompagné de ma copine Laurence, qui est représentante du personnel. L'entretien a lieu un soir d'hiver après 17 h 30, à la veille des vacances de Noël. La date est choisie. Pour être sûr que je ne rencontre personne dans les bureaux ? Décidément, tout, absolument tout, a été très bien pensé.

Moi aussi, je me suis préparé à ce face-à-face. J'ai écrit un texte où je lui dis précisément :

« Madame Galer, vous m'avez licencié verbalement le jeudi 3 décembre à 11 h 15 sans me donner le moindre motif. Sauf un vague : "La chaîne France 3 ne veut plus de toi comme animateur." Vous avez opéré de la sorte pour me couper de tout lien aussi bien avec les téléspectateurs qu'avec l'équipe de "Questions pour un champion" que j'anime depuis vingt-huit ans. La chaîne

France 3 a fait pression sur moi en me demandant d'accepter la décision de mon licenciement et de ne pas faire de vagues, ce qui pourrait être préjudiciable aux deux : à la chaîne et à moi. La chaîne n'est pas mon employeur et je règle mes problèmes avec mon employeur et c'est ensuite à mon employeur de régler le problème avec la chaîne. Je suis la victime de la nouvelle politique déclarée par la nouvelle présidente de France Télévisions, à savoir rajeunir, moderniser, féminiser. Pour preuve sa phrase [au micro de Jean-Pierre Elkabbach sur Europe 1 en septembre 2015] : "On a une télévision d'hommes, blancs, de plus de cinquante ans et ça, il va falloir que ça change…" Soit trois discriminations punies par la loi dans la même phrase [1]. Pour l'instant, je n'ai plus rien à dire. À vous de réfléchir. Mesdames, messieurs, la séance est levée… »

Bien entendu, mes employeurs contestent être dans le champ de la discrimination et

1. À noter que, à la suite de cette interview donnée à Jean-Pierre Elkabbach le 23 septembre 2015 sur Europe 1, la CGC Médias de France Télévisions a elle aussi, en vertu de l'article 15 de la loi du 21 février 2014, déposé une plainte contre Delphine Ernotte pour « discrimination sexuelle, raciale et liée à l'âge ». Cette plainte est en cours et la présomption d'innocence s'applique pleinement.

ceci sera tranché par les Prud'hommes le moment venu. Pour l'heure, Laurence sort du bureau et je reste seul avec Monica Galer qui s'approche très près de moi, toute souriante. Je lui dis :

— Ma chère Monica, je te signale que je conteste formellement tous les griefs que vous avez invoqués.

C'est alors qu'elle essaye de m'amadouer et ose me glisser :

— Mais tu verras, Julien, ce n'est pas sûr encore…

Je réponds que ce n'est pas la peine d'aller plus loin, que je sais très bien que leur décision est prise. Le licenciement est une des grandes spécialités de Monica Galer. Il faut le savoir. D'ailleurs, je découvrirai plus tard qu'à l'inspection du travail, ils ne peuvent plus voir FremantleMedia en peinture parce que l'entreprise licencie à tour de bras. Et les prud'hommes pareil, dès qu'ils voient marqué FremantleMedia sur un dossier…

Quelques jours plus tard, je reçois un recommandé, c'est évidemment ma fameuse lettre de licenciement !

*

Dans un premier temps, malgré le buzz créé, Dana Hastier ne répond pas aux nouvelles demandes d'interviews. Elle reste sur sa position : Julien Lepers sera bien à l'antenne en janvier, circulez, il n'y a toujours rien à voir ! Moi, je ne réponds pas non plus.

Je m'amuse juste, le mardi 22 décembre, à poster sur Twitter une photo de moi avec une perruque de femme et comme légende : « Record hier soir pour QPUC : 15 % de parts de marché et 2 272 000 téléspectateurs. Féminisons !!! Bises. Bon Noël à tous !! »

Côté direction de France 3, c'est le silence radio jusqu'au jeudi 7 janvier 2016. Ce jour-là, Dana Hastier doit donner sa conférence de presse de rentrée. Durant laquelle elle veut annoncer mon départ et surtout faire comme si c'était moi qui avais demandé à quitter l'émission !

Le matin, très tôt, elle m'envoie un texto totalement surréaliste : « Bonjour Julien, au cours de la conférence de presse de France 3, je vais annoncer le nom du prochain animateur de "Questions". Je vais également te remercier pour tout ce que tu as fait pour le jeu et pour la chaîne. Je te souhaite une bonne année, bonne chance et beaucoup de succès dans tes prochaines aventures professionnelles. Dana. »

Elle me met dehors comme un malpropre mais me remercie et, bien sûr, me souhaite bonne chance. C'est quasiment schizophrénique… Ou diaboliquement habile.

Quand je reçois ce sms le matin du 7 janvier et comprends qu'elle ne va pas dire que c'est elle qui me licencie, c'est le déclic. Je m'autorise moi aussi à communiquer.

Bien sûr, je ne réponds pas à son texto. Mais, en milieu de journée, je poste un message sur mon compte Twitter : « Grande tristesse de devoir quitter l'émission sans avoir pu saluer les équipes, le public et les téléspectateurs. À très bientôt ! »

Et je me mets à accepter quelques-unes des dizaines de demandes d'interviews reçues afin d'expliquer ce qu'il s'est réellement passé !

*

Du coup, Mme Hastier est très énervée par mes mises au point. Comme si j'allais me laisser virer sans me défendre. Moi, je ne fais que dire la vérité. Pas la leur, la vérité vraie !

Alors, forcément, ça ne lui fait pas plaisir. Mais j'estime que le minimum que je peux faire est de révéler cette vérité aux téléspectateurs. Ah, elle ne m'a pas laissé dire au revoir, ah, elle m'a piégé, ah, elle m'a trahi.

Et elle a cru une seconde que j'allais accepter leur communication hypocrite et faire croire aux 2 millions de personnes qui me suivaient que j'avais décidé tout d'un coup, en pleine saison, de les laisser tomber sans un mot d'explication ? Ça, jamais !

Parce que c'est, et ça restera, vous l'avez compris, le plus terrible pour moi : avoir été à l'antenne avec ce jeu tous les jours pendant vingt-huit ans, près de trois cent soixante-cinq jours par an, huit mille trois cent dix émissions, plus de trois cents prime time, et ne pas pouvoir dire au revoir aux gens. C'est tellement blessant pour un professionnel comme moi. Je crois que je ne le digérerai jamais.

Début janvier donc, j'ouvre les vannes et je commence à parler. Je dis la vérité toute nue et rien d'autre. D'autant que j'ai été particulièrement choqué par la réaction de la ministre de tutelle de France 3, Fleur Pellerin, ministre de la Culture et de la Communication, qui, le lundi 11 janvier au matin, est l'invitée de Bruce Toussaint sur i-Télé. Le sujet du jour est bien entendu le décès de David Bowie, un immense musicien et un artiste inclassable. Mais, questionnée sur mon licenciement, elle a cette phrase terrible : « On n'a pas de droits acquis à un poste, à une émission. » Comme si je ne le savais pas !

Elle explique ensuite que le lien entre une chaîne de télévision et son public, c'est « bien sûr des émissions phares » mais qu'il faut s'interroger sur « le renouvellement des talents et des générations » : « On ne peut baser un ADN de chaîne uniquement sur l'habitude, sur des gens qui sont ancrés indéfiniment dans la vie quotidienne des gens... » Et quand Bruce Toussaint lui demande si elle comprend ma réaction, elle dit : « Je comprends que ce soit douloureux pour lui, que les gens qui étaient attachés à l'émission se sentent peut-être un peu seuls sans lui mais il faut aussi pouvoir proposer des choses nouvelles... »

En revanche, et c'est cela le plus choquant, pas un mot sur la manière brutale, sur tout ce que je dénonce déjà à l'époque dans les médias. Je note tout de même qu'un peu plus tard dans cette même interview, elle dit aussi, sur un autre sujet, que « la fonction publique doit être exemplaire »... Et enfin qu'un mois après, mi-février 2016, c'est elle qui perd son poste de ministre lors du remaniement et dans des conditions très violentes également.

*

Me sentant un peu seul contre tous, j'organise ma contre-attaque. Notamment le samedi 23 janvier lorsque j'utilise la puissance de feu de TF1 et de l'émission d'Arthur « Les enfants de la télé ».

J'ai beaucoup apprécié la réaction d'Arthur, très choqué par cette façon de faire, qui m'a appelé quelques jours avant pour me proposer : « Puisque tu n'as pas pu dire au revoir à tes téléspectateurs sur France 3, viens le faire sur TF1 dans mon émission "Les enfants de la télé" ! » Pour cela, je le remercie chaleureusement.

À l'antenne, ce soir-là, j'explique clairement aux téléspectateurs ce qui m'est arrivé et je leur explique ce que je leur aurais dit si France 3 m'avait laissé m'adresser à eux : « Je vous aime, j'ai donné le meilleur de moi-même pendant vingt-huit ans, je ne comprends pas la fin, vous ne la comprenez pas non plus, ce n'est pas grave, la vie est à nous et on va la continuer ailleurs ! » Et surtout, je leur donne rendez-vous : « Je ne vous dis pas adieu car j'irai plus loin, plus haut, plus fort et je vous dis "À très bientôt" ! » C'est un moment très émouvant ; pour terminer l'émission, je m'installe même au piano et, avec tous les artistes présents sur le plateau, on chante *I Believe I Can Fly* de R. Kelly !

*

Forcément Dana Hastier, folle de rage, décide de monter au créneau à son tour dans des interviews – que j'ai toutes archivées.

Dans le magazine *Télérama* du mercredi 27 janvier, elle m'accuse d'être à l'origine des fuites du 3 décembre : « À peine était-il sorti de mon bureau qu'il a déclenché une tempête. Julien Lepers est totalement ingérable. On souhaitait faire une émission hommage avec les meilleurs moments et il a refusé. » Elle raconte aussi que mon producteur, FremantleMedia, lui a dit « qu'il ne fallait pas m'annoncer la nouvelle en plein tournage » et qu'il « avait peur que [je] sabote la fin des enregistrements. »

Ce mot « saboter » est un coup de poignard de plus. Là, franchement, je vis l'enfer. Comment osent-ils laisser penser que j'aurais été capable de saboter un enregistrement du jeu qui est toute ma vie depuis 1988 ? Entendre ça de sa propre production, de sa chaîne, franchement, c'est insupportable. Tout est réuni pour faire de ce licenciement une affaire sans précédent. D'ailleurs, n'ai-je pas lu quelque part que j'avais été élu « licenciement de l'année » ?

Je suis un homme de télévision, je suis...

*

Dans *Le Parisien* du vendredi 19 février, la directrice des programmes de France 3 parle de « quatre études » qui montreraient que j'ai « une image très négative », « que les téléspectateurs me jugent ringard »... Ça veut dire quoi « ringard » ? Auprès de qui ? Et elle ajoute, comme pour me porter le coup de grâce et essayer de me couper de mon public : « On ne peut pas dialoguer avec lui. Il joue les victimes mais il va toucher 1,3 million d'euros d'indemnités ! » Dans une autre interview, elle a même déclaré : « Que Julien Lepers arrête ses jérémiades ! »

Là, je prends un autre énorme coup sur la tête. Un de plus. Parce qu'il ne suffit pas de me licencier avec une telle brutalité, de virer dans la foulée cinq personnes de l'équipe parce qu'elles sont trop proches de moi comme William Pinville, la voix *off* du jeu pendant vingt ans, non, il faut aussi m'insulter, essayer de m'humilier...

Alors deux jours plus tard, le dimanche 21 février, je me défends face à Ali Baddou sur le plateau du « Supplément » de Canal + : « C'est difficile de se relever de telles insultes parce qu'on en est aux insultes maintenant. Mais moi, je suis dehors, donc libre de dire ce que je veux et la vérité, c'est que c'est un licenciement extrêmement agressif, abusif, irrégulier, sans cause réelle et sérieuse de A à Z ! » Les Prud'hommes, bien entendu saisis, auront tous les éléments pour décider ce qu'il en est !

*

Ce qui nous vaudra deux mois plus tard d'entendre quelque chose d'absolument incroyable de la bouche de Dana Hastier lors de l'émission médias de Canal +, « Le Tube », le samedi 16 avril.

Ce jour-là, la directrice des programmes est l'invitée d'Ophélie Meunier, qui la présente comme « la femme qui veut bouleverser France 3 ».

À un moment, elle lui demande de réagir à mon propre passage une semaine plus tôt sur le plateau du « Tube » lors duquel j'ai répété qu'en plus de me licencier, cette dame m'a copieusement insulté. Assez contente d'elle, Dana Hastier commence par « assumer pleinement sa décision » : « Des émissions qui ont trente ou quarante ans, je trouve ça incroyable qu'on puisse avoir le moindre doute sur le fait qu'il faille les renouveler, les remettre en cause, les bousculer ! »

Bousculer, dans mon cas le mot est bien choisi.

Puis lorsque l'animatrice de Canal + lui demande si elle pense que c'est allé un peu trop loin dans l'échange de mots, elle gratifie les téléspectateurs d'un demi-*mea culpa*… suivi d'une rapide contre-offensive : « Oui, vraiment, j'ai quand même une vraie estime pour le professionnel qu'il est. Oui, je regrette les mots de trop… Parce que c'est vrai aussi que quand on est à la limite du harcèlement pendant trois mois, on a le droit aussi de s'insurger… »

Étonnement d'Ophélie Meunier qui l'interrompt aussitôt : « Harcèlement de sa part ou des médias ? »

Hésitation de Dana Hastier : « Il n'aurait pas pu faire tout ça tout seul… Il s'est fait embarquer par les émissions, par les journalistes médias. C'est un peu la règle du jeu. Il faut aussi être un peu costaud pour faire ces métiers de directeur de chaîne ! »

Et voilà, après avoir été ingérable, ringard etc., je suis manipulé par les médias et donc complice d'un harcèlement médiatique sur celle qui, quatre mois plus tôt, m'a fait licencier en trois minutes !

Si je puis me permettre, je veux juste souligner que, dans la suite de l'interview, questionnée sur sa stratégie pour poursuivre le rajeunissement de l'audience, Dana Hastier évoque deux projets d'émissions politiques, l'une avec le journaliste et écrivain Franz-Olivier Giesbert (soixante-sept ans), l'autre avec le psychanalyste Gérard Miller (soixante-huit ans). Sans oublier Dave ! Côté rajeunissement, il y aurait donc deux poids deux mesures ?

*

Tout est nul là-dedans ! Où sont la reconnaissance, la fidélité, les remerciements pour services rendus que chacun est en droit d'attendre d'un employeur auquel il a donné tant d'énergie, de travail, et tant d'années ? Comment peut-on faire ça à l'un de ses animateurs historiques, à quelqu'un qui a fait faire autant de bénéfices à FremantleMedia et autant de rentrées à la régie publicitaire de France 3 ?

Parce que j'ai fait les calculs. Notamment du chiffre de pub que nous avons fait rentrer dans les caisses de France 3 avec les écrans passés avant et après le jeu. Un jeu qui a longtemps été leader en parts de marché sur sa tranche jusqu'à l'arrivée de la première émission de téléréalité, « Le loft », sur TF1 en 2001 et avant de se positionner dans les deux ou trois premiers. N'est-ce pas un peu grâce à moi, quand même ?

Puisque l'argent est très important pour Mme Hastier et pour Mme Galer, puisqu'elles en parlent tout le temps, je veux leur dire que je sais combien coûte la fabrication d'une émission de « Questions pour un champion » et combien elle est vendue à la chaîne. Je sais donc calculer le bénéfice de FremantleMedia par émission et le multiplier par huit mille trois cent dix ! Depuis 1988, on est environ à 150 millions d'euros de bénéfice pour la production ! 150 millions d'euros qui sont remontés au *board* de FremantleMedia à Londres. Pendant vingt-huit années, l'émission a donc permis de payer beaucoup de factures de la maison. On peut donc dire que « Questions pour un champion » a longtemps été la vache à lait de Fremantle… Belle façon de m'en remercier !

CHAPITRE 10

Enfant de la télé

Je ne suis pas seulement l'homme aux petites fiches jaunes et aux phrases cultes (« Oh, le joli quatre à la suite », « Ah oui oui oui », « L'Himalaya, c'est non ! »). « Questions pour un champion » et mes vingt-huit années consécutives de présence quotidienne ont bien sûr marqué ma carrière à la télévision [1], j'y reviendrai, mais mon histoire d'amour avec les téléspectateurs ne saurait se résumer à ces huit mille trois cent dix émissions.

Comment pourrais-je oublier mes remplacements de Christophe Dechavanne entouré de la joyeuse bande de « C'est encore mieux

1. Pour cette émission, Julien Lepers recevra deux Sept d'or du meilleur jeu télévisé (en 1991 et 1998) et un Sept d'or du meilleur divertissement (en 1999) pour les Masters de « Questions pour un champion ».

l'après-midi » ? Ou mon passage à l'animation de « Télématin » entre 1986 et 1988 lorsque William Leymergie est parti présenter le journal de 13 heures d'Antenne 2 ? C'est Pierre Wiehn, que j'étais passé voir quelques années avant lorsque je cherchais du travail à Paris, qui m'a rappelé et m'a dit qu'il avait pensé à moi pour « Télématin ». J'ai eu la chance de faire quelques interviews politiques qui m'ont marqué, avec Pierre Bérégovoy, Jean-Pierre Chevènement et surtout Danielle Mitterrand, alors première dame de France, pour la fondation France-Libertés qu'elle avait créée début mai 1986. J'avais été frappé par la dignité et la force de caractère de cette femme et touché par l'objectif de sa fondation : « Construire un monde plus juste et plus solidaire dans lequel chacun puisse exercer sa liberté dans le respect de l'autre. » Afin de me remercier, elle m'avait invité à l'Élysée pour déjeuner avec quelques membres de mon équipe.

J'ai fait ça pendant un an et j'y ai pris beaucoup de plaisir mais ensuite s'est présentée l'opportunité de lancer ce jeu dans lequel j'ai tout de suite beaucoup cru, « Questions pour un champion » !

*

Je voudrais vous parler ici des trois monuments de la télévision française que j'ai eu la chance d'animer : l'élection de Miss France (entre 1991 et 1994), la finale du Concours de l'Eurovision (en 1999, 2000, 2005, 2007 et 2008) et le jeu « Intervilles » (entre 2006 et 2008)… Trois émissions de pur divertissement, trois grands programmes populaires et familiaux qui m'ont permis d'évoluer dans des sphères bien différentes et m'ont procuré d'immenses joies.

Comme quoi du taureau-piscine aux plus belles femmes de France, il faut de tout pour faire une télévision généraliste, grand public et de qualité !

Au pays des Miss

Entre décembre 1991 et décembre 1994, j'ai animé quatre saisons de suite l'élection de Miss France au CNIT de la Défense diffusée sur France 3. Et puis, à ma grande déception, car j'adorais cette émission, Jean-Pierre Cottet, le directeur des programmes de la chaîne, n'en a plus voulu. La désignation des Miss est donc partie sur TF1 où elle a été reprise par Jean-Pierre Foucault.

Il s'agit d'une émission en direct très particulière et surtout très travaillée. Je me souviens que je répétais pendant une semaine.

J'avais un trac fou car je savais qu'il s'agissait d'un moment majeur, en direct et très suivi, qui rassemblait parfois plus de 10 millions de téléspectateurs. À l'origine, c'est un concours de beauté créé en 1920 par Georges de Waleffe, un journaliste mondain : « La plus belle femme de France ». Le nom de « Miss France » ne sera employé qu'à partir de 1927. Pour la première édition, il y avait eu près de deux mille candidates et les quarante-neuf finalistes avaient été filmées et présentées sept par sept durant sept semaines consécutives aux spectateurs de différentes salles de cinéma pendant les entractes. Les gens pouvaient ensuite laisser un bulletin de vote. La première lauréate était une jeune Basque de dix-sept ans, Agnès Souret.

Depuis qu'elle est télévisée, en 1986, la finale a été présentée avant moi par Guy Lux, Sacha Distel et l'imitateur Yves Lecocq. C'est un exercice très difficile parce que toutes les candidates sont en état de vulnérabilité totale et qu'il faut être en empathie avec elles. Ne surtout jamais les mettre en difficulté. De toute façon, je n'ai jamais fait ça. C'est tellement facile… J'essayais de les mettre le plus à l'aise possible pour qu'elles surmontent leur émotion, que leur personnalité ressorte malgré le stress et qu'elles arrivent à transmettre leur message au public, et aux jurés.

*

J'ai travaillé toutes ces années avec la fameuse famille Fontenay, dont Geneviève, la dame au chapeau, qu'on ne présente plus et qui présidait le comité Miss France depuis 1981. Quelqu'un de sincère, je pense, qui adore ses Miss, les protège beaucoup, et qui est très possessive. Je me souviens qu'elle ne supportait pas que j'aille voir l'autre comité Miss France. Même des années après avoir cessé de présenter l'élection, elle n'a pas apprécié que je sois, notamment en 2015, juré pour ses rivaux du comité Miss France nationale. Oh là là, qu'est-ce que je n'avais pas fait là !

La première année, pour l'élection de Miss France 1992, c'est Linda Hardy, Miss Pays de Loire, qui l'emporte. Il me revient en mémoire que, ce soir-là, ce fut un peu la panique : la Miss France 1991, la Tahitienne Mareva Georges, est encore dans l'avion quand on prend l'antenne parce qu'elle vient de concourir à Atlanta pour le titre de Miss Monde. Elle ne va donc arriver qu'en cours de soirée. Je me revois au moment de la proclamation recevoir trois bises de la sublime Mareva et ne pas savoir retenir un : « Que c'est bon, que c'est bon, que c'est bon ! » C'est donc Linda Hardy, une étudiante de dix-huit ans, titulaire d'un bac scientifique et qui veut devenir pédiatre, qui sera ma première Miss France. Linda a été une grande Miss, avec une forte personnalité. Elle a été fiancée à Johnny Hallyday durant quelques semaines en 1994. Depuis 1999, après avoir animé « Tout le monde en parle » aux côtés de Thierry Ardisson pendant quelques mois sur France 2, elle est devenue comédienne, au cinéma, dans des séries télé comme *Section de recherches* sur TF1 ou *Mafiosa* sur Canal +, et au théâtre.

Quelques années plus tard, j'ai présenté trois éditions de l'élection de Miss Europe à Beyrouth dont l'une en duo avec l'éblouissante Indienne Diana Hayden, Miss Monde 1997. Croyez-moi quand vous marchez à ses côtés, vous ne passez pas inaperçu !

En décembre 2001, j'ai eu la chance de commenter la victoire d'Élodie Gossuin, qui avait été sacrée Miss Picardie puis Miss France 2001. C'était dans la capitale du Liban et ce fut une grande émotion : Élodie a gagné devant Miss Pologne et Miss Croatie, et cela faisait quarante-cinq ans qu'aucune Miss France n'avait remporté le titre de Miss Europe !

L'Europe qui chante

À partir de 1999, je vais aussi animer cinq finales du Concours de l'Eurovision [1]. Là aussi, une émission mythique qui passionne les téléspectateurs français depuis des décennies.

Imaginez-vous, c'est l'un des plus vieux programmes télévisés au monde puisqu'il a été créé en mai 1956 et qu'il est diffusé sans interruption depuis. La première finale à Lugano en Suisse avait rassemblé sept nations européennes. À l'époque, seuls les solistes étaient admis et les candidats devaient chanter dans leur langue nationale et sans aucune chorégraphie. On peut dire que ça a changé depuis… C'est en 1974 que,

1. Julien Lepers a présenté seul les finales de mai 1999 à Jérusalem (victoire de la Suédoise Charlotte Nilsson) et mai 2000 à Stockholm (victoire des Danois Olson Brothers), puis celles de mai 2005 à Kiev avec Guy Carlier (victoire de la Grecque Elena Paparizou), mai 2007 à Helsinki avec Tex (victoire de la Serbe Marija Serifovic) et mai 2008 à Belgrade avec Jean-Paul Gaultier (victoire du Russe Dima Bilan).

pour la première fois, un groupe ne va pas chanter dans sa langue natale mais en anglais : il s'agit des Suédois d'Abba avec la chanson *Waterloo. Waterloo* qui devient un tube mondial, Abba de véritables stars et l'anglais la langue la plus utilisée par les candidats.

Sur les cinq finales que j'ai commentées, une seule fois le gagnant a chanté dans sa langue d'origine : la Serbe Marija Serifovic en 2007 à Helsinki. Désormais, tout est hélas très formaté, avec des mélodies très pop chantées en anglais. Mais bon, il faut reconnaître que ça plaît au public… Et puis il y a des exceptions comme la ballade *1944* de l'Ukrainienne Jamala qui a gagné en mai dernier en chantant en anglais et en tatar de Crimée, son pays de naissance.

En 2008, on a eu droit à une finale entière sans aucune chanson en français. Même *Divine*, la chanson qui représente la France, écrite et composée par Sébastien Tellier, était au départ intégralement en anglais. Cela avait suscité une telle polémique lors des sélections que, pour calmer tout le monde, l'artiste barbu avait ajouté deux phrases en français en forme de clin d'œil : « Toi et moi, c'est comme tu sais. Pour moi l'amour chante en français ». Avant de terminer 19e sur 25 finalistes.

Une catastrophe parmi d'autres pour les couleurs françaises qui n'ont plus flotté sur l'Eurovision depuis 1977 et la victoire de Marie Myriam : *L'Oiseau et l'Enfant*. À noter que la France n'a remporté que cinq fois le concours depuis soixante ans (1958, 1960, 1962, 1969, 1977). En effet, France Gall avait été choisie par le Luxembourg, en fait par la radio RTL, alors qu'elle est née à Paris, lorsqu'elle a gagné en 1965 avec sa fameuse *Poupée de cire, poupée de son*, écrite par Serge Gainsbourg.

*

Personnellement, j'ai beaucoup aimé commenter cette manifestation même s'il s'agit d'une grosse organisation et que nous étions un peu coincés dans nos petites cabines de commentateurs au milieu des équipes de télé de la trentaine de pays finalistes. En général, on passait trois, quatre jours dans le pays pour préparer nos fiches et nous imprégner de l'ambiance. Et souvent, je dois dire que je ne me trompais pas trop dans les pronostics.

Les concours de l'Eurovision sont vraiment des shows énormes. La finale 2016 à

Stockholm, gagnée par l'Ukrainienne Jamala, a été retransmise dans une quarantaine de pays de l'Eurovision et aussi en Chine, aux États-Unis et en Nouvelle-Zélande. Elle a rassemblé 204 millions de téléspectateurs dans le monde dont 5 millions en France !

Les commentateurs ont un important travail de préparation à faire. Il faut tenir l'antenne pendant plus de trois heures ! Je peux vous dire que, tout seul, comme je l'ai fait en mai 1999 à Jérusalem et en mai 2000 à Stockholm, on a intérêt à avoir de bonnes fiches sur les candidats, le pays d'accueil et tous les pays participants !

En duo apparaît une autre difficulté : travailler l'entente. Moi, par exemple, je l'ai fait pour la cinquantième édition du concours à Kiev en mai 2005 avec Guy Carlier. Il est très spécial, ce Guy. Je sais qu'on ne peut pas faire l'unanimité mais lui est sans doute mon plus grand détracteur. Avoir une telle constance dans la démolition, il faut de la ténacité !

Pendant au moins deux, trois ans, tous les jours sur France Inter dans l'émission « Le bouffon du roi » de Stéphane Bern, il sortait sa petite « leperserie » quotidienne parce qu'en gros, il me trouvait très con. Il ne m'aimait pas, c'était clair. Ça peut arriver, mais de là à descendre quelqu'un avec une telle obstination. Je l'ai appelé plusieurs fois au téléphone, on s'est vu aussi, pour lui dire : « Écoute, Guy, si tu pouvais arrêter, ça serait bien. Moi, je n'ai pas envie de te poursuivre en justice alors, arrête ! Pourquoi moi tout le temps ? Tu ne peux pas prendre quelqu'un d'autre comme tête de Turc ? » Il m'a toujours dit : « Oui t'as raison, c'est pas bien ce que je fais, etc. » et le lendemain il repartait de plus belle…

Jusqu'au jour où quelqu'un de France 3 me propose de présenter l'Eurovision avec lui. Je me dis, bah pourquoi pas ? N'étant pas rancunier et trouvant le clin d'œil amusant… Nous voilà partis tous les deux à Kiev et tout s'est très bien passé. On est arrivé dans une atmosphère incroyable, dans une cité encore enivrée par la révolution orange qui venait de s'achever avec l'élection de Viktor Iouchtchenko à la présidence de la République ukrainienne. Toute la ville était en orange. On a écrit nos textes ensemble, etc. et fait ami-ami. Et il m'a promis d'arrêter ses moqueries.

Mais quinze jours après notre retour, il a recommencé ! Et récemment dans sa chronique pour le magazine *Télé 2 semaines* début février, il a encore fait un dégagement pas sympa du tout sur mon départ de « Questions pour un champion », disant que je m'étais « répandu dans tous les médias pour pleurnicher sur mon sort avec une indécence rare ». En fait, tacler est plus fort que lui, il ne peut pas s'arrêter. Il a cette espèce de maladie qui consiste à taper sur la même personne sans cesse. N'a-t-il pas fait pareil avec l'animatrice Sophie Davant ? C'est dommage parce que Guy Carlier n'a pas besoin de ça. Il a du talent et est cultivé, mais peut aussi être épouvantable, très odieux et injuste. Avec un manque de bienveillance total.

Je me mets à la place d'un Johnny Hallyday qui a eu les « Guignols » sur le dos pendant des années avec des « Ah que, ah que » à longueur d'émissions… C'est lui qui leur a dit d'arrêter à un moment. Ceux qui humilient sans cesse devraient comprendre que leurs victimes ont des enfants, des familles, des proches qui les aiment et pour lesquels aussi les méchancetés gratuites peuvent être très blessantes. En gros, je suis d'accord pour que s'exerce la liberté d'expression, le droit à la parodie et à la critique, mais je refuse le harcèlement médiatique et la diffamation systématique !

En 2008 à Belgrade, j'ai eu la chance de commenter avec Jean-Paul Gaultier, qui est une star mondiale et un homme très gentil, lui, très proche des artistes. Nous avons passé trois jours formidables ensemble et j'ai été frappé par la meute de cameramen et de reporters radio qui le suivaient sans cesse.

*

L'un des problèmes de l'Eurovision depuis quelques années est qu'on sent que tout est devenu très géopolitique. Les polémiques se multiplient depuis l'édition 2007 remportée par la Serbie suivie de la victoire de la Russie en 2008 grâce à de supposées ententes entre les différents pays de l'Est... Ce qui est parfois difficile à suivre parce que vous avez en fait deux blocs : les anciens pays de l'ex-Yougoslavie (Serbie, Croatie, Bosnie, Macédoine, Monténégro, Slovénie) et les anciens pays de l'ex-URSS (Russie, Biélorussie, Ukraine, Azerbaïdjan, Géorgie, Arménie...). Des États qui votent les uns pour les autres et font qu'un candidat français ou d'Europe occidentale a aujourd'hui fort peu de chances de gagner. Même si Amir a réussi à terminer sixième cette année avec *J'ai cherché*, une très bonne chanson, très rythmée, devant lui, dans le Top 5, on retrouve trois pays de l'Est : l'Ukraine qui gagne avec Jamala, la Russie troisième et l'Ukraine quatrième.

Je me souviens que, déjà, la finale 2000 à Stockholm avait été assez mouvementée. Jorgen Olsen, l'un des deux chanteurs des Olsen Brothers, les futurs vainqueurs danois avec *Fly on The Wings of Love*, s'est servi pendant quinze secondes d'un *vocodeur*, un synthétiseur qui modifie électroniquement les voix. La délégation russe a porté plainte et demandé, sans succès, la disqualification du Danemark. Quant à la prestation des représentants israéliens, le groupe Ping Pong, elle avait créé une très vive polémique dans leur propre pays. À la fin du premier refrain, les deux membres masculins du groupe se sont en effet embrassés sur la bouche. Puis, sur le dernier refrain, les deux chanteurs ont sorti des drapeaux israéliens et syriens de leurs poches arrière de pantalon et ont crié « Peace ! Peace ! » Ils voulaient promouvoir la paix entre les deux pays. Ce qui a été très mal vu à Tel Aviv…

L'importance prise par l'Eurovision dans certains pays, avec parfois une récupération politique excessive, peut aussi donner de jolis moments de télévision : à Kiev en mai 2005, il y a eu une séquence incroyable quand le président ukrainien Victor Iouchtchenko est monté sur la scène pour remettre le prix et une médaille d'honneur à la chanteuse grecque Elena Paparizou qui venait de gagner. Je ne sais pas si, en France, on pourrait imaginer François Hollande agir ainsi... En tout cas, c'était très beau.

« *Intervilles* » : *La France en fête*

Comme le Tour de France cycliste, « Intervilles » a toujours symbolisé à mes yeux la France estivale, la France en fête et en vacances. Un grand divertissement familial au cours duquel personne ne se prend au sérieux. Que vous soyez à Nîmes, à Vannes ou à Digne-les-Bains, tout le monde a le sourire. Gagnants comme perdants. Du moment qu'il y a des piscines et des vachettes, des candidats téméraires et de jolies gamelles, la vie est belle... Pour reprendre la célèbre phrase du baron Pierre de Courbertin, à « Intervilles » comme aux jeux Olympiques du début du XXe siècle, l'important est de participer !

Lorsque l'émission est passée de France 2 à France 3, j'ai commenté « Intervilles » trois étés d'affilée, de 2006 à 2008, avec mon ami Tex et toute une équipe où se trouvait l'ancienne championne de planche à voile Nathalie Simon, le DJ Philippe Corti ou l'animatrice Vanessa Dolmen. Et même l'ancien arbitre international de football, Robert Wurtz. Là encore, il s'agit d'un monument du patrimoine de la télévision française puisqu'« Intervilles » a été créé il y a plus d'un demi-siècle en juillet 1962. À la très grande époque, l'émission est animée par le tandem historique Guy Lux et Simone Garnier jusqu'en 1991, et arbitrée par le grand Léon Zitrone. Il y a eu aussi Jean-Pierre Foucault, Thierry Roland, Fabrice, Nagui, Nelson Monfort.

Vous imaginez donc bien que lorsqu'on a fait sa première télé avec Guy Lux, reprendre la présentation d'« Intervilles » trente ans plus tard est quelque chose d'assez impressionnant. Qui n'a jamais regardé en famille ce jeu ayant fait les grandes heures estivales sur toutes les chaînes françaises, de la RTF en 1962, de TF1, France 2 et France 3 ? Grands moments de sport, de divertissement et de rigolade, tout était du vrai direct. Avec tous les imprévus que cela implique. D'ailleurs, nous étions trop d'intervenants à mon goût et je me souviens de pas mal de chevauchements. Je ne sais donc pas trop si les téléspectateurs s'y retrouvaient...

C'était en tout cas un programme très dense et très physique. À tel point qu'à la fin de la seconde émission en 2007, Robert Wurtz avait dû nous quitter, victime d'un AVC. Et en 2008, c'est Philippe Corti qui avait déclaré forfait pour les deux dernières émissions après s'être fracturé plusieurs côtes...

*

Reste qu'on s'amusait beaucoup et que l'ambiance dans les équipes était toujours très détendue. Je me souviens que le 30 juin 2008, lors du match Saint-Amand-les-Eaux contre Bergues, la ville du Nord où a été tourné le film *Bienvenue chez les Ch'tis* de Dany Boon, on m'a demandé dans l'oreillette de monter sur un grillage. Alors bien sûr, ne voyant pas le piège, j'obéis et en redescendant j'ai découvert qu'on avait lâché une vachette à dix mètres de moi. J'ai pris mes jambes à mon cou et suis parti à toute allure. Mais tout le monde s'est moqué de moi parce qu'en fait il s'agissait d'une mère de vachette qui ne court jamais après personne !

Nous avons connu aussi des grands moments de sport et de suspense comme lorsque l'équipe de Mont-de-Marsan, qui avait remporté les finales de 2006 et 2007 (en battant Nîmes puis Carcassonne), n'a pas pu se qualifier pour la finale 2008 à une minute près lors de son match éliminatoire victorieux contre Saint-Pierre.

Hélas, durant tout l'été 2008, l'audience est restée bloquée sous la barre des 3 millions de téléspectateurs. Invoquant des restrictions budgétaires, la direction de la 3 commet la maladresse de toucher à l'ADN d'« Intervilles ». Souvent une erreur fatale en télévision ! Elle décide de renoncer au direct et d'enregistrer toutes les émissions en quelques semaines et sur le même lieu, à Amnéville dans les Vosges. Résultat, cette édition 2009 animée par Nelson Monfort et l'ancien champion de patinage artistique Philippe Candeloro perd encore un demi-million de fidèles. Si bien que l'émission culte va rester dans les cartons durant trois étés consécutifs, de 2010 à 2012. Avant de revenir pour une soirée unique « spéciale cinquantième anniversaire » sur France 2 le 29 juin 2013. Un remake de la première finale de 1962 entre Dax et Saint-Amand-les-Eaux qui rassembla tout de même 20 % des téléspectateurs.

Une sorte de chant du cygne puisque, l'année suivante, « Intervilles » poursuit sa lente descente aux enfers en rejoignant la confidentialité de l'antenne de Gulli, une chaîne de la TNT destinée aux jeunes et à la famille. On dit que les grandes émissions ne meurent jamais, mais il leur arrive de disparaître.

CHAPITRE 11

Hiver 2016

« L'homme, blanc, de plus de cinquante ans » ne se laissera pas faire !

Bien sûr, dans les semaines qui suivent cet emballement médiatique, j'essaye de mieux comprendre ce qui arrive. Pourquoi moi ? Pourquoi maintenant ? Pourquoi avec une telle brutalité ? Je tente d'analyser ce cataclysme... Dana Hastier était directrice des programmes de France 3 depuis mai 2014 quand Delphine Ernotte, première femme à occuper ce poste, est arrivée à la tête de France Télévisions en août 2015 en remplacement de Rémy Pfimlin. La nouvelle P-DG, dont la nomination par le CSA a déclenché une vive polémique [1], a déclaré des tas de

1. Deux syndicats de France télévisions, la CFDT et la CGC, porteront plainte contre le président du Conseil supérieur de l'audiovisuel, Olivier Schrameck, pour « abus d'autorité et trafic d'influence ». Une fois cette plainte classée sans suite par le parquet de Paris en juillet 2015, les deux syndicats décident de saisir le doyen des juges d'instruction

choses bizarres et notamment, dès la fin septembre 2015, qu'il y avait – on s'en souvient – trop d'hommes, blancs, de plus de cinquante ans sur les antennes de France Télévisions. Propos qu'elle va assumer et réitérer lors de ses vœux aux salariés le 8 janvier 2016 : « On me reproche en ce moment d'avoir dit que je trouvais que la télé était une télévision d'hommes blancs de plus de cinquante ans. Alors d'abord, c'est vrai, je l'ai dit et je le redis. C'est au fond ce que je pense et ceux qui vont arriver à me prouver le contraire ne sont pas nombreux. Ça n'est pas du jeunisme. Je pense qu'il y a une place pour tout le monde, pour toutes les générations au sein de France Télévisions mais qu'il faut des jeunes aussi… »

Tout comme Delphine Ernotte ne se démontera pas lorsqu'un journaliste du *Figaro* lui demandera, début mai 2016, de s'expliquer sur son « grand coup de pied dans la fourmilière » et ces « changements brutaux de présentateurs » : « Je pense que nos publics attendent du renouveau, qu'ils attendent de leur entreprise publique qu'elle soit à la pointe de l'innovation. Alors forcément, il faut s'interroger sur les programmes

---

pour instruire leur plainte. L'enquête à ce jour est en cours.

et en renouveler certains. [...] Je comprends aussi que ce n'est pas facile pour ceux qui incarnent le service public à l'antenne depuis plusieurs années. Changer n'est jamais facile mais c'est nécessaire pour redonner une dynamique à l'ensemble et donner une place à de nouveaux visages. »

Sur les concepts alignés, il n'y a pas grand-chose à redire. Ces grands dirigeants issus de grandes écoles (elle est diplômée de Centrale Paris) ont des têtes très bien faites et savent manier les mots à la perfection. Mais, madame Ernotte, pourquoi ne répondez-vous pas ce jour-là sur le « grand coup de pied » que vous avez effectivement balancé aux équipes de France Télévisions, ni sur la brutalité des changements de présentateurs ?

*

Bien sûr, moi, je suis pile dans la cible et je ne suis pas le seul. Je m'aperçois qu'en fait je suis le plus jeune de tous les « seniors » de la maison. Pourquoi Dana Hastier décide-t-elle mon licenciement et l'impose-t-elle aux dirigeants de FremantleMedia ? Sans doute parce qu'elle veut plaire à sa P-DG qui commence à donner des signes d'impatience. Et aussi parce que je suis le plus facile à virer : je suis l'un des seuls à ne pas être producteur ou coproducteur de mon émission. Je ne suis qu'animateur de « Questions pour un champion ». Et pour des raisons contractuelles, un animateur coûte moins cher à licencier qu'un animateur-producteur. Même si là, ça risque de coûter très cher. Puisqu'au total, j'ai quand même trente-trois ans d'ancienneté à France 3. Mais il est tellement facile de faire peur aux dirigeants de FremantleMedia sur l'avenir de leurs contrats avec France 3… Quand je pense que Monica Galer a essayé de m'expliquer qu'elle m'avait « défendu plusieurs fois » mais que là elle n'avait « rien pu faire »…

Je comprends que s'ils tapent si fort, c'est parce qu'ils savent que je ne me laisserai pas liquider sans rien dire… D'ailleurs, je l'ai déjà dit à Dana Hastier. Je ne suis d'accord sur rien et la suite se déroulera devant les tribunaux. Ce qui me fait le plus mal c'est qu'elles ont rompu le lien sentimental très fort, indéfectible que j'avais avec les téléspectateurs quotidiennement depuis vingt-huit ans. Car si beaucoup me disent, encore aujourd'hui, que je faisais partie de leur famille, eh bien, eux aussi faisaient partie de la mienne. Combien de gens m'ont raconté :

« Vous savez, mon père ou ma mère qui étaient très âgés vous ont regardé tous les soirs et ce jusqu'à la fin avant de partir » ou « C'était devenu leur seul petit plaisir » ?

Je connais bien les téléspectateurs, je connais très bien mon « public », je sais que certains d'entre eux sont très seuls et n'ont pour compagnon que leur téléviseur et des émissions comme « Questions pour un champion ». Ce lien affectif très fort a été rompu de manière brutale et cruelle.

Au pire, ne pouvait-on pas attendre la fin de la saison ? Y avait-il une telle urgence à retirer Julien Lepers de l'antenne de France 3 ? Tout a été violent et sauvage de la part de ces femmes qui, dans la foulée de Delphine Ernotte, ont déclaré ouverte la chasse à « l'homme, blanc, de plus de cinquante ans »...

J'ai été le premier de la liste. Et, je l'ai dit au début, je suis certain qu'il y en aura d'autres. Mais, mine de rien, je l'ai tellement ramené que je pense en avoir vraiment sauvé quelques-uns. Laurent Boyer a quand même été obligé de quitter France 3. Puis Réha Huttin, une femme parmi nous, la productrice de « 30 millions d'amis » qui a appris début janvier 2016 que son émission s'arrêterait en juin, après quarante années de présence. Elle, elle a eu le droit d'aller jusqu'en juin mais, sans doute, cela tient-il au fait qu'elle est productrice. Georges Pernoud, l'animateur-producteur de « Thalassa », a vu le nombre de ses émissions annuelles divisé par quatre ! « Le cinéma de minuit » de Patrick Brion a été supprimé. Or, émission la plus ancienne de France 3 avec « Thalassa », mise à l'antenne en septembre 1975, « Le cinéma de minuit » avait été créé il y a tout juste quarante ans, en mars 1976 !

*

Au cœur de ce safari indécent, j'ai beaucoup apprécié les déclarations de Patrick Poivre d'Arvor sur BFM-TV début février 2016 quand il s'est montré fort critique envers la politique des dirigeants de France Télévisions : « Arrêtons de faire du jeunisme pour faire du jeunisme, pour rajeunir les petites ménagères. Il faut donner un ensemble qui représente la population française… » Avant d'ajouter : « Je ne m'habituerai jamais à ces mœurs. Une France harmonieuse, c'est une France qui sait faire cohabiter les jeunes et les moins jeunes ! » Merci Patrick, je souscris à cent pour cent à ces propos.

Alors, bien sûr, je suis également d'accord avec Stéphane Bern qui a eu des mots gentils à mon endroit fin décembre mais a ajouté que les animateurs ne sont pas les propriétaires de leur émission [1]. Ce qui pour moi est une évidence, je le sais pertinemment !

Cela écrit, à ce moment-là, Stéphane ne savait pas encore qu'il serait à son tour victime de la dure loi de France Télévisions avec l'arrêt de son émission quotidienne l'après-midi sur France 2 « Comment ça va bien ? » pour cause d'audiences insuffisantes. À l'issue de sa sixième saison. Une information confirmée fin février… par une indiscrétion dans le magazine *Télé 7 Jours* ! Stéphane s'était plaint quelque temps auparavant que France 2 « tricote et détricote les programmes de l'après-midi » et surtout ait fait passer l'horaire de son émission de 15 heures à 15 h 35 : « Résultats, les femmes qui regardaient l'émission avant d'aller chercher leurs enfants à l'école ne la voient plus. Ce n'est pas cool du tout, ça ! » Et ça

1. Dans les colonnes de *Télé Poche* le 28 décembre 2015, Stéphane Bern déclare : « Je suis désolé pour Julien Lepers. Je l'aime bien et ça doit être difficile à vivre. Dans ce métier, il faut garder à l'esprit que personne n'est propriétaire de sa case. Il faut aussi penser à passer la main. »

n'aide pas à stabiliser les audiences. C.Q.F.D. !

Même si Stéphane Bern n'a pas été viré et ne s'est « pas senti menacé », même s'il a retrouvé une nouvelle case en septembre dans la grille de rentrée des après-midi de France 2, ce sont des manières de faire que je ne pourrai jamais comprendre… Non, mesdames les dirigeantes de France Télévisions, ce n'est pas cool du tout, ça !

*

Nous sommes confrontés, depuis quelque temps, à des personnes qui découvrent la télévision et qui se comportent de manière grossière. Car ce sont là de très mauvaises manières, sujet que je connais pour avoir écrit un livre de sept cents pages là-dessus en 2014 : *Les Mauvaises Manières, ça suffit*[1] *!* On est loin de la bienveillance et du bien vivre ensemble, non ?

Bien sûr qu'un chef d'entreprise doit embaucher et débaucher. Je n'ai jamais prétendu le contraire. Mais il y a des façons d'agir, des textes de loi, un droit du travail.

---

1. *Les Mauvaises Manières, ça suffit !*, Michel Lafon, novembre 2014. Lire à ce sujet le chapitre 13 « Les mauvaises manières, ça continue ! », page 237.

Je suis salarié de France 3 depuis trente-trois ans. En plus de « Questions pour un champion », j'ai animé je ne sais combien de soirées spéciales, d'« Intervilles », de soirées des Miss France ou des « Sept d'or », des finales de l'Eurovision...

Même si le monde de la télévision est dur et souvent intraitable, je crois à la bonne éducation, au respect. Mon licenciement est archisauvage. Même si je sais que, signe des temps, la brutalité est considérée chez certains managers comme une marque de fabrique, il était inutile de se comporter comme cela. Et surtout, à travers moi, de maltraiter autant de téléspectateurs. Pourquoi ajouter au fait de congédier la brutalité et la cruauté ? À quoi sert-il d'humilier en plus de licencier ? Jamais je ne pourrai comprendre de tels agissements. Qui plus est de la part de dirigeants du service public censés montrer l'exemple parce qu'ils ont une mission d'éducation ! Il n'y a personne au ministère de la Culture et de la Communication pour leur dire : « Dites donc, faites ce que vous avez à faire mais faites pour le mieux, en respectant les gens» ?

*

Les dégâts collatéraux de ce grand chambardement sont nombreux. Aujourd'hui, FremantleMédia n'a plus « Nouvelle star » qui s'arrête sur D8, ni « Le mot de passe » de Patrick Sabatier qui s'interrompt, et « Questions pour un champion » est en chute libre. La société ne va pas aussi bien qu'avant et Dieu sait que je ne l'ai pas voulu. L'ironie de l'histoire est que ce sont les dirigeantes de France 3 qui, en créant cette situation, ont affaibli leur partenaire et risquent de mener FremantleMedia France à la faillite. Je me demande bien ce qu'en pensent les actionnaires à Londres ? Je le saurai bientôt…

Mais même après avoir enduré un hiver 2016 plus que douloureux, je n'étais pas au bout de mes surprises : mes ex-amis de FremantleMedia m'en ont fait une bien bonne à la fin du printemps dernier. C'est à peine croyable : même dans un scénario, ça ne s'invente pas.

Fin mai, donc, mon propre avocat m'appelle très étonné pour me dire que les dirigeants de FremantleMedia viennent de lui expliquer qu'ils avaient perdu mes contrats de travail. Mes vingt-huit années de contrats pour l'émission. Heureusement, j'ai tout retrouvé… Et si je ne les avais pas eus ?

Ils en auraient profité pour tout négocier à la baisse ?

Tout, j'aurai tout eu, on m'aura tout fait. Parce que, dans ce contrat, des clauses existent si on licencie l'animateur et si l'émission se poursuit sans lui. Et, bien sûr, ces clauses me sont favorables.

Parce que ce sont des sommes, quand même… Lorsque Dana Hastier parle d'1,3 million d'indemnités, c'est une nouvelle contre-vérité. Pourquoi ? Parce qu'elle n'en sait strictement rien. Ni moi, ni les avocats non plus d'ailleurs. Les négociations ayant échoué, ce chiffre d'1,3 million d'euros, honteusement donné en pâture à la presse, est une invention totale de son esprit fertile. Ce qui est vrai c'est que je subis – de plein fouet – un préjudice financier, un préjudice professionnel, un préjudice d'image et un vrai préjudice moral. De tout ça, les juges devront juger !

Quant à mon salaire livré sur la place publique, est-ce que vous connaissez une seule entreprise où le directeur financier communique à la presse les revenus d'un membre de son personnel ? Il serait dehors dans l'heure !

*

Et je ne parle pas de l'humiliation publique que m'a infligée Dana Hastier. Quand elle me discrédite partout dans la presse : « Il est ringard », « Il a une mauvaise image », « Il est totalement ingérable », « Qu'il arrête ses jérémiades » etc., quand elle balance des chiffres conséquents, elle sait ce qu'elle fait. Dans un pays où il y a autant de chômeurs et de personnes en difficulté, des gens qui ont du mal à s'en sortir… elle veut créer un effet dévastateur.

Ce qui est arrivé ! Le soir même de son interview, je recevais des messages hostiles sur mon compte Twitter : « Lepers enc…, de quoi tu te plains ? » etc. Dana Hastier ne pouvait l'ignorer ! Or, est-ce que j'ai volé quoi que ce soit dans cette histoire ? Dites-moi ce que j'ai dérobé ! Si j'ai détourné quelque chose, je le rends tout de suite ! Les contrats, je ne les ai pas extorqués.

Est-ce moi qui ai demandé à être licencié pour toucher des indemnités ? Non, bien sûr, je voulais juste continuer à travailler normalement… Tout cela est machiavélique. Or il y a des lois sociales en France, le pays s'est battu pour ça. Lors du Front populaire, tout au long du XXe siècle et aujourd'hui encore, des femmes et des hommes ont pris des risques pour que les droits des travailleurs existent et soient respectés ! Pour que les protections d'un contrat de travail ne puissent être foulées au pied du jour au lendemain par un employeur !

Tout cela a bien sûr fait les délices des médias, à tel point que l'*Argus de la presse* a relevé sur la seule période allant du 10 décembre 2015 au 30 avril 2016, soit quatre mois et demi, 6 188 retombées sur mon licenciement ! 3 903 articles sur le web, 1 792 dans la presse écrite, 396 en radio et 97 en télévision. Le feuilleton de l'hiver 2016 !

*

Heureusement, les téléspectateurs, eux, n'oublient pas et ne m'oublient pas. Sur le Facebook officiel de « Questions pour un champion », on ne lit que ça. Des témoignages de téléspectateurs mécontents qui disent « Rendez-nous Julien Lepers ! », qui en veulent à France 3 de les avoir privés de leur rendez-vous avec moi sans un mot d'explication, qui sont mécontents ou ont massivement cessé de regarder le jeu.

Le 16 mars 2016, Marc N., qui vit au Mexique et regardait sur TV5 Monde, écrit : « Je me suis endormi tellement c'est ennuyeux. Et voilà, plus jamais ! Bravo à la direction qui a tué l'émission… ». Le 14 avril, Nelly F. : « Rendez-nous Julien

Lepers. On s'ennuie. Je ne regarde plus cette émission que j'adorais ! » Le 15 avril, Nicolette T. : « J'avoue que l'émission a perdu son identité, le nouveau présentateur est sans ardeur ni enthousiasme… » Le 21 mai, Stef S. : « Il faut vous rendre à l'évidence, madame la directrice des programmes de France 3, vous avez fait n'importe quoi en renvoyant Julien Lepers ! » Le 8 juin, Nabil B. écrit : « Je lance un SOS de détresse à Julien Lepers, le bateau QPUC coule, il faut revenir pour le sauver ! », etc.

Rendez-vous compte, des centaines de milliers de téléspectateurs en moins en quelques mois [1]… Presque la moitié de l'audience du jeu envolée, volatilisée. Bravo, Madame Hastier et consorts ! Je vous le dis, si j'avais fait de tels scores, il y a longtemps que je serais parti de moi-même…

Tous ces témoignages, qu'ils viennent de célébrités comme – et surtout – de téléspectateurs anonymes, sont autant de baumes au cœur qui m'ont aidé à traverser l'épreuve. Encore une fois, merci à tous !

---

1. Selon Médiamétrie, le mercredi 13 avril 2016, l'émission ne rassemble que 1,1 million de téléspectateurs, soit une part d'audience de 9,4 %, le pire score de France 3 sur la tranche depuis juin 2015.

CHAPITRE 12

« Questions pour un champion », ma plus belle aventure

À l'origine de toutes les grandes aventures qui font une carrière, existe une rencontre ou un coup de chance. Pour cette aventure unique qu'aura été « Questions pour un champion », il y a un coup de fil de Jacques Bal qui avait travaillé sur le lancement de Canal + avec Pierre Lescure et Alain de Greef.

Courant 1988, Jacques s'occupe de l'arrivée en France d'un petit groupe audiovisuel australien qui s'appelle Grundy Production. Grundy veut installer sur notre territoire l'un de ses jeux qui marche très bien depuis un an sur BBC1, « *Going for Gold* ».

Jacques m'appelle et me dit : « Est-ce que tu veux faire partie d'un casting avec une vingtaine d'animateurs français connus pour animer un jeu que France 3 vient d'acheter ? » Bien sûr, je dis oui, et je vais passer le casting dans leurs locaux du côté de la porte de Bagnolet. On doit lire des questions sur des fiches devant deux caméras avec une petite animation autour, histoire que le déroulement ne soit pas trop soporifique. Je suis choisi très rapidement et à l'unanimité par les responsables de Grundy et par les représentants de France 3 : Sabine Mignot, qui est la grande patronne des jeux et des divertissements de la 3, Yves Jaigu, le DG, et René Han, le président de la chaîne. Vous connaissez les gens qui m'ont licencié fin 2015, voici les personnes qui m'ont choisi en 1988.

Pendant plusieurs mois, on travaille sur des émissions pilotes, on répète la mise en scène, on améliore le décor, les éclairages, le cadrage des candidats, le rôle de la voix *off*. C'est passionnant de participer à la naissance d'une émission comme celle-là. Je sens que je suis entouré d'une équipe bienveillante et d'une volonté stimulante de réussir quelque chose ensemble. La décision a été collégiale et tout le monde est derrière moi. Bill Mason, le producteur australien, se montre très présent. Partout dans le monde il y a eu des tentatives d'adaptation de l'émission qui n'ont jamais marché. Et même en Angleterre, le jeu s'est arrêté rapidement.

Malgré un bon concept initial, il fallait trouver le type qui saurait créer une ambiance, offrir un style particulier capable d'emporter l'adhésion du public.

Ainsi est née une émission de jeu populaire et de qualité, un véritable programme de service public. Une institution qui restera à l'antenne sans interruption de 1988 à nos jours et entrera dans le patrimoine français de l'audiovisuel.

À tel point que nous avons été souvent parodiés. La parodie la plus connue est celle des Inconnus avec leur célèbre sketch *Télémagouille* en 1992. On y retrouve l'animateur imperturbable (Didier Bourdon) et les candidats Mamadou (Pascal Légitimus) et Véronique (Bernard Campan). Ils m'ont tellement fait rire… Notamment quand Mamadou à la question « Quel révolutionnaire a été assassiné dans sa baignoire ? » répond « Maradona ». Laurent Gerra aussi m'a imité. C'est ce qui s'appelle la rançon du succès…

*

Mais je veux souligner ici que la popularité et la longévité de « Questions pour un champion », uniques pour une émission quotidienne, sont le fruit d'un véritable travail d'équipe. Une équipe qui fut longtemps soudée et d'une redoutable efficacité. En tout, nous étions une cinquantaine.

En coulisses et en cuisine, il se passe beaucoup de choses. Il y a environ vingt-cinq personnes permanentes dans la production, dont les rédacteurs des questions, une dizaine, et les sélectionneurs de candidats qui sont six ou sept. Et là, tous les rouages sont importants ! Il faut comprendre que les éléments décisifs de l'ADN du jeu sont le long travail de sélection des candidats partout à travers la France, la qualité de rédaction des questions, la réalisation, la voix *off* de William Pinville et le style de l'animateur. Vous touchez à l'un de ces ingrédients et la recette est ratée !

Toutes ces années, sous les directions successives de Lionel Baert, d'Annick Lizé et d'Alain Ranger, l'équipe de production a fourni un travail énorme sur ces axes principaux que sont le renouvellement des questions, l'exigence de qualité et la diversité des candidats. Et c'est ce travail-là, jour après jour, durant vingt-huit ans, qui a permis au jeu de durer aussi longtemps et avec un tel succès d'audience.

*

Avec plus de neuf cent mille questions posées, l'équipe des rédacteurs a relevé une sacrée gageure. Une équipe qui a peu changé depuis 1988. Je ne dis pas qu'on n'a pas posé deux ou trois fois la même question mais c'était très rare. Il existait un travail de renouvellement admirable. C'est une de nos marques de fabrique et l'une des forces du jeu.

Ces rédacteurs ont une mission essentielle. Une question pour « QPUC » relève de la mécanique de précision. Il faut que le texte ait un rythme précis, puisque le nombre de mots va servir de chronomètre aux candidats, et qu'il soit adapté à la vitesse d'élocution de l'animateur. Il faut faire tenir l'essentiel en cinq lignes et aussi savoir évaluer la progressivité des indices et le degré de difficulté d'une interrogation pour la positionner au bon moment dans le jeu. Pendant le quatre à la suite ou le face-à-face, il faut parvenir à varier les disciplines, la botanique, la grammaire, l'histoire etc., les thèmes aussi ; il convient encore de ne pas faire trop de questions sur Louis XIV ou sur les joueurs de football célèbres.

Mais l'un des grands enjeux des rédacteurs est d'inventer des questions qui permettent aussi aux téléspectateurs de jouer (et de trouver) devant leur écran. Des questions qui correspondent à la culture d'un citoyen français moyen, à notre socle commun, en réunissant toutes les générations, tant une émission populaire est faite pour rassembler la famille, non pour la diviser, et encore moins la diviser par l'âge.

Au début, les questions étaient archivées à la main, puis sur informatique. Ce qui permet de passer régulièrement en revue les questions du passé pour les recycler en n'oubliant pas de changer leur rédaction, en éliminant bien sûr les interrogations d'actualité très vite périmées. C'est d'autant moins un problème qu'en vingt-huit ans de jeu, nous avons vu passer plusieurs générations de téléspectateurs. Et que la culture générale évolue avec l'air du temps faisant, au fil des années, apparaître de nouveaux thèmes comme l'environnement, le numérique, la téléréalité etc.

Les rédacteurs, dirigés par Véronique Drouchet, vivent un peu dans un monde à part ; ils travaillent quasiment à temps complet et passent leurs journées dans une pièce au siège de FremantleMedia, entourés de livres et de dictionnaires… La plupart ont une formation littéraire. Ce sont avant tout des passionnés d'écriture, de lecture et de connaissances. Je peux vous dire que cette équipe est composée de seigneurs de la question dans le domaine du jeu de connaissances. Ayant affaire à des téléspectateurs très érudits, nous devons être irréprochables…

Même si ce ne sont pas les controverses ou les questions pièges qui manquent comme celle sur la paternité du gruyère que se disputent la Savoie et la Franche-Comté côté français et le canton de Fribourg côté suisse. Sachant que le gruyère français a des trous mais pas le gruyère suisse…

À vrai dire, je ne me souviens pas que nous ayons fourni de réponses fausses. Tout est tellement lu et relu, il y a tant de filtres avant qu'une question n'arrive sur mes fiches jaunes !

Par ailleurs, tout est fait pour assurer la confidentialité, même si nous n'avons pas d'armoire sous scellés stockant les questions comme le voudraient les règles de l'art. Mais je peux certifier qu'en vingt-huit ans nous n'avons pas eu un seul problème de fraude.

À la poursuite du candidat idéal

Mais le succès télévisuel de « Questions pour un champion », ce sont surtout ses quarante mille candidats depuis 1988. Et ces candidats, il faut aller les chercher, les tester et les sélectionner.

Je veux saluer ici la force de travail des membres de l'équipe qui partent sur les routes de France tout au long de l'année pour dénicher les meilleurs postulants. Leur tâche n'est pas simple : ils doivent trouver à la fois des personnes qui savent beaucoup de choses, s'expriment correctement, parviennent à canaliser leurs émotions et passent bien en télévision. Tout en respectant un équilibre entre les différentes régions de France, les générations et les profils psychologiques.

Les sélectionneurs partent par groupes de deux sillonner le pays. Les épreuves de sélection sont annoncées par la presse locale et les municipalités nous réservent une salle. Les postulants répondent à une première liste de questions de culture générale et sont gardés seulement ceux ayant plus de 50 % de bonnes réponses. Ensuite, deuxième étape, une seconde liste de questions plus difficiles sont posées ; là aussi on ne garde que ceux qui répondent bien à plus de la moitié d'entre elles. Enfin, les candidats encore en lice passent un entretien avec les sélectionneurs afin que ceux-ci puissent évaluer comment ils se comporteront sur le plateau, devant le public, leurs proches et les caméras.

Il y a une constante chez tous les candidats : un trac terrible. C'est pour cela que lors des entretiens de sélection, on essaye de déterminer leur résistance au stress, leur véritable tempérament. Il faut éviter de retenir un candidat très cultivé mais qui va perdre tous ses moyens pendant l'enregistrement. D'autant que notre souci permanent est de ne pas humilier ou mettre en difficulté les participants.

Pour moi, le candidat idéal est celui qui sait maîtriser ses nerfs, son appréhension et donner le meilleur de lui-même au bon moment. Il doit aussi posséder un savoir qui couvre un peu tous les domaines de la connaissance. Et non seulement savoir mais savoir vite. En deux secondes car trois secondes, c'est trop tard. L'autre a appuyé depuis longtemps et vous êtes mort ! Il doit aussi ne pas bloquer sur une réponse qu'il n'a pas trouvée parce que, du coup, il risque de rater les questions qui viennent ensuite et là c'est fini. Le jeu, très rythmé, est bien sûr conçu pour pousser les candidats dans leurs retranchements… Et moi, je suis là pour mettre de l'intensité, parfois un peu de tension, de dramatisation. Le candidat doit s'enfermer dans sa bulle, être capable de s'isoler de tout le reste, oublier la famille, le travail, etc. Il doit se transformer en guerrier et refuser que son adversaire le batte. Tout en étant capable de ne pas être victime de son adrénaline et ne pas devenir trop excité, trop agressif. Des images de pétages de plomb de certains candidats ont fait le bonheur d'Internet, mais il est évident qu'il est infiniment plus compliqué de trouver une bonne réponse sur le plateau que tranquillement assis chez soi en famille. À la maison, et ça, tous les candidats nous le disent, on n'a pas l'impression que l'émission va aussi vite !

*

Le jour de l'enregistrement, l'équipe de production fait tout pour mettre les participants à l'aise. Les candidats connaissent l'impact de « QPUC » et il faut vraiment être gonflé pour venir sur un plateau de télé se remettre en question dans un jeu très regardé, par toute la famille, par les voisins, par les copains de bureau… Derrière son pupitre, il est facile de perdre la face. Combien d'enseignants très doués se sont écroulés sur le plateau, vaincus par le stress parce qu'ils savaient que leurs élèves ou leurs collègues les regardaient ? On a même vu des médecins échouer sur des questions de médecine assez faciles, tellement ils étaient inhibés en réalisant qu'ils n'avaient pas le droit de ne pas savoir telle ou telle chose...

Comme il s'agit d'un jeu de connaissances et de rapidité, on a vu passer des candidats qui apprenaient les dictionnaires par cœur et qui révisaient encore avec leur Larousse ou Robert sur les genoux dans les loges avant d'arriver sur le plateau. On peut connaître les noms, voire les dates de décès, des six femmes d'Henri VIII sans forcément être un vrai historien... Je vous promets que les candidats de « Questions » constituent un monde à part. Plusieurs fois, on a vu des mordus venir avec leur propre buzzer en demandant de l'utiliser. Ce qui leur a été refusé bien sûr.

On a vu aussi des candidats perdre les pédales et dire n'importe quoi. Il y en a plein les bêtisiers. Ou des supercandidats qui soudain s'effondrent. J'ai le souvenir d'un cantonnier d'un village de Haute-Provence près de Moustiers-Sainte-Marie. Il a été brillantissime et a gagné plein de finales. Mais pour la superfinale, celle des Masters, il n'est arrivé que troisième. Je me souviens aussi de Bernard Garnier, qui présidait le club Questions pour un champion de Lyon-Monts-d'or, qui a été un grand candidat mais s'est écroulé à un moment parce qu'il était très nerveux.

Et n'oublions pas l'existence d'une part de hasard. Est-ce que les questions les plus difficiles vont tomber sur un domaine que vous connaissez bien ou pas ?

*

À la production, tout est fait pour mettre les candidats dans les meilleures conditions au long des journées d'enregistrement qui peuvent durer plus de huit heures puisqu'on enregistre jusqu'à six émissions par jour. On peut même dire que « Questions » est un peu une grande famille.

Il y a d'abord les clubs en province, plus de cent soixante-dix clubs en métropole, et d'autres en Suisse, Belgique, Nouvelle-Calédonie, Haïti, très importants dans l'histoire du programme puisqu'ils ont fourni nombre d'excellents candidats et permettent une émulation incroyable. Des clubs dont les présidents se font appeler « monsieur le président ».

Quand les candidats entrent sur le plateau de tournage, parfois avec leurs supporters, ils ont l'impression d'arriver chez eux, d'être à la maison. On les accueille bien, on les nourrit bien, on fait le maximum pour les décontracter. Parce que ces journées d'enregistrement peuvent s'avérer éprouvantes surtout pour les participants qui gagnent et reviennent d'émission en émission.

Les candidats attendent dans les loges en regardant les enregistrements. Et ça aussi, ça peut générer du stress. Parfois l'attente est très longue. Gare à ceux qui gambergent. Qui regardent les candidats précédents sur les écrans de contrôle et se disent brusquement qu'ils ne seront jamais à la hauteur...

Malgré l'envie de chacun de se surpasser, de prouver qu'il est le meilleur ou le plus rapide, il est rarissime que l'émission se passe mal. Nous avons eu très peu de mauvais perdants. Une seule fois un candidat est reparti furieux en refusant de serrer la main de son vainqueur puis la mienne. En affirmant en plus que nous aurions de ses nouvelles... Il y a parfois beaucoup d'ego en jeu. Pour certains, venir à « QPUC » est l'occasion de devenir le héros de leur quartier, de leur entreprise... ou pas !

*

L'idéal, bien sûr, est de dénicher des candidats hors du commun que les téléspectateurs vont pouvoir s'approprier, des personnages qu'ils aiment retrouver tous les soirs, et ensuite dans les émissions spéciales Masters. Le participant idéal à mes yeux est le vendeur de pizzas qui se révèle incollable et bat le professeur d'université ! Évidemment, des candidats m'ont marqué, ont émergé. Souvent ce sont quasiment des professionnels des jeux télévisés qui en ont déjà gagné pas mal d'autres.

Je me souviens par exemple de Khorem Majeur, incontournable dans l'histoire du jeu. Ce candidat de Lyon ayant longtemps joué en club était un vrai passionné ; il mangeait « Questions », il dormait « Questions », etc. En septembre 2006, il avait impressionné tout le monde par son calme, sa concentration et ses connaissances. Calme qui, un jour, s'était soudain envolé quand il avait gagné un face-à-face très serré et embrassé le buzzer puis le sol pour fêter sa victoire ! Très fort et très puissant, Khorem avait tout compris de la mécanique du jeu. S'étant beaucoup entraîné dans son club, ce bibliothécaire constamment plongé dans les bouquins était curieux de tout, doté d'un appétit d'apprendre impressionnant. Pour moi il est très haut dans le top 5 sur les quarante mille candidats que j'ai accueillis. Lui était vraiment très très fort.

En octobre 2008, il a tout de même perdu de justesse, face à Karim Andreys-Kéroui, un professeur de lettres classiques dijonnais, la finale du grand tournoi que nous avions organisée pour les vingt ans de l'émission et qui opposait dix superchampions. Il faut dire que Karim était extrêmement cultivé, avait notamment fait beaucoup de latin et se montrait très malin aussi… Surtout, quelle machine incroyable ! Je n'avais jamais vu une telle force de concentration, une efficacité aussi déconcertante.

Preuve s'il en faut que les grands vainqueurs de « Questions » sont de véritables formules 1 : en avril 2009, c'est Khorem qui a gagné « Le grand concours » organisé par TF1 opposant les grands vainqueurs des principaux jeux de connaissance de la télévision comme « Qui veut gagner des millions ? », « Le maillon faible », « Questions pour un champion », etc.

J'aimais d'ailleurs beaucoup les spéciales Masters qui rassemblaient les seize meilleurs des derniers mois. Là, ça allait très très vite. Je prévenais les téléspectateurs : si vous arrivez à trouver une réponse en même temps qu'un de ces candidats, vous êtes superforts !

*

Et puis, j'ai vraiment adoré les « spéciales grandes écoles », où apparaissent des candidats étonnants. Je me souviens des étudiants de HEC, de Saint-Cyr et de Polytechnique, tous en grand uniforme, trois très grandes écoles qui se sont souvent disputé les toutes premières places, mais aussi de l'ÉNA, de l'École nationale de la magistrature à Bordeaux, de l'École vétérinaire de Maisons-Alfort, de l'École de la gendarmerie. Quelle originalité du service public ! Nous étions la seule chaîne à faire ça. J'étais tellement admiratif de tous ces jeunes gens qui, en plus, mettaient une très grosse ambiance sur le plateau avec tous leurs camarades de classe dans la tribune. Quels souvenirs merveilleux !

J'ai également reçu plus de cent quatre-vingt personnalités dans les émissions spéciales Célébrités, des gens connus qui venaient pour jouer, parfois chanter et dont beaucoup se piquaient au jeu. Françoise Sagan adorait. J'ai également accueilli Henri Salvador, Claude Nougaro, Jacques Weber,

Pierre Perret, Sheila, Anne Roumanoff, Carlos, Antoine, Herbert (Léonard) bien sûr etc. [1]. J'étais frappé de voir à quel point ces artistes étaient heureux de participer à un jeu de connaissances, eux qui sont sans cesse invités sur les plateaux de télévision. Je me souviens d'un Didier Barbelivien très fier d'avoir gagné. C'était, pour ces stars, une forme de reconnaissance un peu à part. Patrick Sébastien, qui a une culture incroyable, a gagné trois fois, ce qui a contribué à changer son image. En revanche,

1. Ont notamment participé à ces émissions spéciales : José Artur, Didier Barbelivien, Pierre Bonte, le boxeur Jean-Claude Bouttier, Pascal Brunner, Carlos, Clémentine Célarié, Catherine Ceylac, Alain Chamfort, Henri Chapier, Madeleine Chapsal, Éric Charden, CharlElie Couture, Fanny Cottençon, Pierre Delanoë, Sacha Distel, Raymond Domenech, Françoise Dorin, le danseur Patrick Dupond, Fabrice, le coureur cycliste Laurent Fignon, l'escrimeuse Laura Flessel, Irène Frain, Daniel Gélin, Frédérique Hébrard, Ysabelle Lacamp, Bernadette Lafont, Michel Leeb, Gérard Lenorman, Herbert Léonard, Bruno Masure, Mimie Mathy, Macha Méril, Gilbert Montagné, Yves Mourousi, Marie-José Pérec, Pierre Perret, Nicolas Peyrac, Dick Rivers, Anne Roumanoff, Michel Roux, Françoise Sagan, André Santini, Patrick Sébastien, Pascal Sevran, Stone, Paul-Loup Sulitzer, Pierre Tchernia, Fabienne Thibeault, Nicolas Vanier, Jean Vautrin, Jacques Weber, Bernard Werber, Françoise Xenakis.

CharlElie Couture était furieux de perdre parce que son père était un grand fan de l'émission...

*

Je me souviens aussi de candidats formidables lors des éditions spéciales Francophonie, des participants venus de toute l'Afrique, des Vietnamiens, des Canadiens aussi qui se battaient – et se battent – bien plus que nous pour la défense de la langue française et de notre culture. Ceux-là étaient sélectionnés avec l'aide du millier d'Alliances françaises à travers le monde, un réseau fabuleux, sans oublier aussi les centres culturels français.

Mes amis de la Francophonie, que j'aime tout particulièrement, suivaient le jeu chaque jour sur TV5 Monde. Et là, je peux vous dire que mon éviction les fait râler beaucoup. Surtout, et ça se voit sur Facebook, dans toute l'Afrique.

J'ai d'ailleurs reçu de nombreux témoignages de soutien. L'ancien président de la République du Sénégal Abdou Diouf, qui a été le patron de la Francophonie, était, avec son épouse, un de mes plus fidèles téléspectateurs. Depuis, il ne décolère pas !

« Questions » est en fait l'émission française la plus regardée dans le monde. Quand, à cause du satellite qui dessert l'Asie, le jeu a changé d'horaire en passant de 18 heures à 16 heures, le roi de Thaïlande a écrit aux responsables parce qu'il regardait le programme tous les jours et que cette modification chamboulait son agenda. Je me souviens aussi du jour où, assis au salon de thé de l'hôtel George V, j'aperçois Laurent Gbagbo, alors président de la Côte d'Ivoire, qui s'apprête à entrer dans le restaurant de l'établissement. Quand il me voit, il fait arrêter net sa délégation et, hilare, m'adresse de grands gestes avec les deux mains jointes comme s'il appuyait sur un buzzer géant. Puis il vient vers moi et me prend dans ses bras pour m'embrasser : « J'adore votre jeu, si vous passez à Abidjan, vous êtes mon invité au palais présidentiel… »

Le fort attachement de toute la francophonie à « Questions pour un champion » m'a apporté beaucoup de joie tout au long de ces vingt-huit ans. Et de fortes émotions. Comme ce 9 décembre 1996 lorsque l'historien Alain Decaux m'a remis le prix de l'Académie française. D'abord, ce jour-là, mes deux parents étaient présents. Ensuite dans ce lieu illustre, sous la Coupole comme on dit, Alain Decaux déclara que l'émission était distinguée parce que « notre langue y est toujours bien traitée » et que le jeu « sert sa diffusion en étendant ses championnats à des candidats de tous les pays s'exprimant en français ». Être récompensé devant mes parents par un académicien aussi illustre et « pour avoir contribué à assurer le rayonnement de la langue française à travers le monde », voilà qui a fait de moi le plus heureux des hommes !

J'eus ce jour-là un autre grand plaisir et une immense fierté : celle de figurer au même palmarès, mais bien plus bas tout de même, que le président Abdou Diouf. Celui qui devait rester à la tête de son pays jusqu'en avril 2000 reçut le grand prix de la Francophonie 1996 « pour n'avoir pas cessé tout au long de ses quinze années de mandat d'œuvrer pour la présence, la qualité et la diffusion du français dans son pays ainsi que dans toute l'Afrique occidentale et centrale ».

*

Abdou Diouf fut ensuite, de janvier 2003 à janvier 2015, le secrétaire général très éclairé de l'organisation internationale de la Francophonie. Ce qui nous amena à œuvrer ensemble pour les émissions spéciales de « Questions », notamment lors de l'opération « Voyage au centre de la francophonie » organisée à Amiens le 21 mars 2005 dans le cadre du centenaire de la mort de Jules Verne.

Ce soir-là, nous l'avions accueilli, avec Bernard Pivot, autre ardent défenseur de notre langue, lors de l'émission « Le champion de la francophonie » diffusée sur France 3 et, bien sûr, quelques jours plus tard sur TV5 Monde. Quarante candidats venus de dix pays (Canada, Vietnam, Égypte, Liban, île Maurice, Madagascar, Burkina Faso, Bulgarie, Roumanie et Macédoine) s'étaient départagés au fil de dix jours d'éliminatoires pour faire partie des dix finalistes de la grande soirée du 21 mars au cirque Jules Verne.

Un peu plus tard dans la soirée, les « Trophées de la langue française » étaient présentés par Bernard Pivot. Le trophée chanson-poésie avait récompensé Jeanne Cherhal pour sa chanson *Le Petit Voisin* alors que le trophée de l'orthographe était attribué à une lycéenne canadienne de quatorze ans qui n'avait commis qu'une seule faute lors de la dictée dans la catégorie juniors et à un Togolais de trente-cinq ans vivant en Éthiopie qui, lui, avait rendu une copie irréprochable !

*

Souvent en repensant à ces vingt-huit années, à toutes ces rencontres, ces émotions fortes, les larmes me viennent. Pas plus tard qu'à la mi-juin 2016, j'étais à Madagascar pour animer une soirée de gala avec beaucoup de monde destinée à lancer un festival dont je suis le parrain : le festival des Baleines de l'île Sainte-Marie. Chaque année, au mois de juillet, cinq mille baleines arrivent le même jour entre la Grande-Terre et l'île Sainte-Marie et repartent le même jour aussi, deux mois après. Parce que c'est un endroit idéal avec quatre-vingts mètres de profondeur d'eau pour mettre bas et se reproduire.

Donc, avant de me rendre sur l'île Sainte-Marie, alors que je suis à l'accueil d'un grand hôtel de Tananarive, une jeune fille vient me voir à la réception de l'hôtel : « Monsieur Lepers, je voulais vous dire combien j'ai apprécié tout ce que vous avez fait et combien je suis choquée par ce que France 3 vient de vous infliger. Ma mère était candidate chez vous lors d'une émission spéciale Francophonie et elle a été assassinée par son compagnon de l'époque. De vous voir aujourd'hui, c'est pour moi une émotion très spéciale... » Alors forcément je l'ai tenue dans mes bras et j'ai pleuré avec elle. J'étais tellement bouleversé.

Souvent, ces vagues d'émotion sont liées à des disparitions. Il y a eu José, un copain de classe avec qui j'étais à l'école à Antibes... Un jour, parmi les candidats un ami à lui m'apprend qu'il est décédé. J'ai eu une crise de larmes et on a dû arrêter l'enregistrement un moment...

Et puis en décembre 2014, il y a eu le départ de mon père. J'ai été obligé de dire à mon équipe, en plein enregistrement, que mon père venait de décéder et qu'il attendait dans une chambre froide qu'on ait terminé la session pour que j'aille l'enterrer. J'étais totalement bouleversé. Et j'ai eu droit à un mot formidable de toute l'équipe de production : « Merci de tout ce que tu nous fais vivre. On est de tout cœur avec toi, etc. » C'était un an presque jour pour jour avant qu'un petit nombre d'entre eux ne me trahisse...

Je me rends compte, en vous racontant tout cela que, durant des années, j'ai fait passer l'émission avant tout. J'ai donné vingt-huit ans de ma vie à ce programme. À l'émission, aux candidats, à mon équipe et aux millions de téléspectateurs. Alors quand je vois la violence avec laquelle j'ai été traité, cela me rend encore plus triste. Et les gens le sentent, je crois. Ils sentent que ma peine est sincère. Comme l'était mon implication dans l'émission. On ne peut pas tricher durant autant d'années…

Chapitre 13

Les mauvaises manières, ça continue !

Plus que jamais, en tout cas depuis la fin de la Seconde Guerre mondiale, j'ai la sensation que la notion du vivre ensemble, à mes yeux le ciment de notre société, est menacée. Elle est attaquée chaque jour par les difficultés économiques et la crise que nous traversons, par la violence croissante du monde de l'entreprise, par la montée des égoïsmes ou des intégrismes, et par le terrorisme bien sûr qui nous met en grande difficulté. Alors il y a trois ans, j'ai eu envie – modestement – d'apporter ma petite pierre à l'édifice et d'écrire un manuel de lutte contre le « moi d'abord », contre cet égoïsme qui nous gâche la vie et nous met tous en danger. Contre ces comportements qui lentement, jour après jour, fracturent notre société. Avec *Les Mauvaises Manières, ça suffit !* [1], j'ai cherché à proposer bien plus

1. *Op. cit.*

qu'un guide de bonne conduite. J'en avais assez de me sentir agressé dans la vie de tous les jours et partout : au travail, au restaurant, au volant de ma voiture, dans les transports en commun, par des comportements que je jugeais inciviques et déplacés. Et puis, il y a les mots. Il ne faut pas oublier que les mots peuvent blesser gravement, qu'ils peuvent tuer aussi. Le vivre ensemble, c'est aussi bien s'adresser à l'autre et faire attention à ce qu'on dit. À cet égard, Twitter peut se révéler catastrophique. Ces phrases courtes et précipitées peuvent devenir dévastatrices. Vu la puissance d'Internet, il faudrait au contraire que chaque mot soit pesé et que les gens arrêtent de parler avant de réfléchir.

Tout ça me paraît le signe d'une société dans laquelle les individus se laissent aller, d'une époque de plus en plus violente, de plus en plus égoïste et de moins en moins solidaire. Un monde dans lequel les gens pensent à eux avant tout et oublient d'inculquer les règles de bonne conduite en société à leurs enfants. Du coup, cette permissivité et ce relâchement gagnent sans cesse du terrain… Alors qu'il suffirait que chacun fasse un peu attention à l'autre pour que tout de suite nous vivions dans un monde meilleur.

Avec ce livre, je voulais faire en sorte que l'on réfléchisse à cela, et peut-être que l'on parvienne à travailler et à vivre ensemble plus harmonieusement. À cette époque, j'étais loin de me douter qu'un an après sa sortie, je serais moi-même victime de très mauvaises manières de la part de mes employeurs.

*

Comme un clin d'œil un peu marketing, nous avons, avec Michel Lafon, publié cet ouvrage le 13 novembre 2014 qui était la « journée de la gentillesse ». D'ailleurs le fait que ce qualificatif « gentil » soit presque devenu péjoratif est révélateur d'un glissement de notre société. Quand on dit de quelqu'un « Ah oui, Machin, il est gentil ! », c'est rarement un compliment. Alors que la gentillesse est une qualité essentielle. Cette capacité à faire attention à autrui, à lui vouloir du bien, à être bienveillant et altruiste. Attention, je ne dis pas que je suis un saint mais simplement que, chaque jour, j'essaye de faire attention à mes comportements, de traquer mes mauvaises manières.

N'en déduisez pas que je suis naïf ou trop gentil justement : je suis quelqu'un de très lucide et même de plus en plus lucide avec ce que j'endure depuis le début décembre 2015… Mais tout au long de mes vingt-huit ans de « Questions pour un champion », j'ai essayé de proposer une animation qui respecte les gens, candidats comme téléspectateurs. C'est pour cela que je ne comprends pas la fin de l'histoire, la manière brutale et méprisante avec laquelle j'ai été traité… Pourquoi cinq-six personnes se sont-elles entendues pour me trahir à ce point et, à travers moi, maltraiter les téléspectateurs du jeu ? J'ai toujours travaillé dans le respect, l'empathie, l'amour des gens, donc je me suis retrouvé complètement désarmé face à cette adversité inattendue. Ce n'est tellement pas mon monde ni ma façon d'agir… Vraiment, et j'en ai déjà beaucoup parlé mais je veux insister encore : je ne conteste pas à un patron le droit de licencier quelqu'un mais il y a façon et façon de le faire. Et, dans mon cas, je pense avoir eu droit à toutes les mauvaises manières imaginables !

*

Vingt-cinq ans après le livre de Nadine de Rothschild *Savoir vivre aujourd'hui*[1], j'ai

1. *Le Bonheur de séduire, l'art de réussir. Savoir vivre aujourd'hui*, Robert Laffont, 1991.

voulu écrire un livre adapté à notre monde du XXIe siècle, avec ses nouvelles technologies, ses nouveaux modes de vie. Est-ce qu'il est normal que, lorsqu'on arrive à un déjeuner, le premier geste de chacun est de poser ostensiblement son téléphone portable sur la table ? Ce qui donne l'idée que celui ou celle qui va appeler est plus important que celui ou celle avec qui vous allez passer le temps du déjeuner ! Avec ces sept cents pages, j'ai cherché à couvrir quasiment tous les domaines de la vie. Savez-vous par exemple quelle est la première raison de dispute au sein d'un couple ? C'est l'abattant des toilettes que l'homme oublie régulièrement de rabattre après avoir uriné debout… Comment bien se disputer aussi et ne pas aller trop loin ? Comment se séparer le mieux possible ?

Alors bien sûr, comme la baronne de Rothschild, j'ai été moqué par certains. Qui ont cru malin de tourner en dérision ce que je préconisais. Faisant au passage usage de bien mauvaises manières avec moi.

Les mauvaises manières qui parfois nous pourrissent la vie commencent avec de petites choses qui n'ont l'air de rien, les petites « incivilités » comme on dit : les pieds posés sur le siège opposé dans le métro, les gens qui parlent à tue-tête dans leur téléphone portable dans les lieux publics, ceux qui jettent ostensiblement un papier par terre alors qu'il y a une poubelle à dix mètres de là. Alors moi je ramasse et je cours derrière eux en criant « Attendez, vous avez oublié quelque chose ! » Ça va de choses du quotidien comme ça à des choses plus épouvantables. Par exemple, vous vivez une histoire d'amour depuis deux ans et l'autre vous signifie votre congé par texto. N'est-ce pas le top de la goujaterie ? Ou vous travaillez depuis vingt-huit ans avec quelqu'un et il vous vire en trois minutes en vous demandant de dire que c'est en fait votre décision…

En vérité, les technologies dites « de communication » font qu'on communique de moins en moins. Ou de plus en plus mal. Un texto en lettres capitales par exemple équivaut à quelqu'un qui vous crie son message. Les textos et les mails sont à l'origine de beaucoup de maladresses, de blessures involontaires.

*

Tout cela est compliqué par le mélange des cultures dans notre société de brassage. Un geste anodin en France peut être un affront terrible pour un Indien. Savez-vous par exemple qu'au Japon, on ne plante ses baguettes dans le riz que lors de funérailles, en signe de deuil ? De même que la couleur de la mort en Chine ou au même Japon est le blanc, non le noir ?

C'est un livre qui se voulait utile et salutaire. De même, quand j'ai publié *Les Fautes de français, plus jamais !* [1], je voulais protéger notre langue et aussi corriger les fautes que je faisais moi-même et pour lesquelles les téléspectateurs m'écrivaient : « Non, monsieur, on ne dit pas un espèce de truc mais une espèce », « Non, vous n'habitez pas à Antibes mais vous habitez Antibes », « On ne tranche pas une décision, on tranche un jambon mais une décision, on la prend », etc.

Franchement, je pense, et plus que jamais, que la question du bien vivre ensemble est essentielle. Il y va de notre bonheur. Je rêve d'une société dans laquelle renaîtraient les vertus de la civilité, le souci de l'autre et la bienveillance. Quel Eden ! Il est tellement agréable d'être entouré, au travail comme dans la vie quotidienne, de personnes bien

1. *Les Fautes de français, plus jamais !*, Michel Lafon, novembre 2011.

élevées et bienveillantes. Je redis que les bonnes manières apaisent, limitent le stress et sans doute peuvent prolonger la vie. C'est en tout cas ce que m'a assuré un ami médecin. On vit aujourd'hui dans une société très énervée, qui se recroqueville sur elle-même. Encore en plein mois de juillet 2016, une interview de mon remplaçant, qui sur Europe 1 explique qu'ils sont parvenus à stabiliser l'audience du jeu sur France 3 à 1,3 million de téléspectateurs alors qu'en réalité, ils sont en chute libre. Et d'ajouter que depuis cinq ans les audiences du jeu étaient en baisse, ce qui est totalement faux. Car il faut tenir compte de la multiplication des chaînes, près de trente chaînes TNT aujourd'hui, et de la baisse chronique des audiences moyennes des grandes chaînes hertziennes. Ne pas le faire relève de la malhonnêteté intellectuelle !

*

Quand j'ai découvert, début décembre 2015, le sort que me réservaient France 3 et FremantleMedia, j'ai compris que ces responsables n'avaient pas lu mon livre. Ou en tout cas qu'ils ne l'avaient pas compris. Je l'avais pourtant offert à Monica Galer quelques mois avant… Si elle avait compris ce que j'ai voulu dire, elle ne m'aurait sûrement pas traité de la sorte. Je n'aurais pas eu à subir cette véritable machination. Quel manque de respect pour les gens ! Pour moi et surtout pour les téléspectateurs de France 3 qui étaient heureux tous les soirs à 18 heures de retrouver leur rendez-vous.

Hélas, ce qui m'est arrivé est à l'image de la brutalité du monde de l'entreprise aujourd'hui. Ce n'est pas un hasard si tant de gens sont exposés à ce qu'on appelle « les risques psycho-sociaux » – on parle de 3 millions de personnes en France –, s'il y a tellement de victimes de *burn-out* dans le monde du travail. Mais ce que je sais c'est que les personnes qui maltraitent les autres, qui les licencient avec brutalité, auront un jour ou l'autre à subir la même chose. Qu'elles sachent qu'aucun individu n'est à l'abri de ces mauvais traitements. La roue tourne pour tout le monde.

Il y a un point sur lequel je voudrais revenir aussi : l'attitude du ministère de tutelle qui devrait empêcher les dirigeants des chaînes du service public de se comporter ainsi. Mais le problème, c'est qu'en fait il n'y a pas de tutelle... Honnêtement, je crois qu'il n'y a pas dans l'histoire de la télévision française de précédent, hors accident industriel d'audience, d'un animateur expérimenté licencié ainsi en plein milieu de la saison de cette façon-là.

*

Alors la question suivante est : comment peut-on se remettre d'un licenciement aussi brutal ?

Moi qui suis quelqu'un de très sentimental, qui suis beaucoup dans l'affect avec les gens, j'ai été extrêmement touché, vous l'aurez compris. Dieu sait que j'ai donné pour cette émission, de ma vie, de mon travail, du talent que je peux avoir. Alors, qu'on me mitraille ainsi, qu'on me foudroie d'une heure à l'autre, m'a bouleversé et a bouleversé beaucoup de téléspectateurs.

Il faut bien comprendre ce qui s'est passé.

On connaît maintenant ces méthodes de management contemporaines. Vous avez quelqu'un qui fait bien son travail et qui, pour des raisons extérieures à lui, se retrouve dehors d'une heure à l'autre. Tout cela sans le moindre état d'âme. Le salarié devient une variable d'ajustement. C'est d'une violence inouïe. Quand vous avez donné vingt-huit ans à l'entreprise, c'est-à-dire les deux tiers de votre vie professionnelle, cette déchirure crée des dégâts immenses à l'intérieur.

Ce qui m'a protégé, ce qui m'a évité, je le pense, le *burn-out* ou une dépression, c'est que je savais pertinemment que c'était une erreur. J'étais sûr de moi, de mon travail et de mon public. Je n'ai jamais culpabilisé, heureusement. Je savais très bien qu'1,8 million de téléspectateurs à 18 heures, constituaient une réussite. Que Cyril Hanouna ne les faisait pas, que je réunissais quatre fois plus de téléspectateurs que le « Grand Journal » sur Canal +, etc. Convaincu que j'étais dans le juste, cela m'a aidé !

Maintenant je ne suis pas assez naïf pour penser que mon livre sur les mauvaises manières pouvait changer les gens. Je sais qu'il faut beaucoup plus qu'un texte pour aller contre les travers d'une époque. De même, je sais bien que ce nouveau livre n'empêchera pas d'autres dirigeants de chaînes de télévision de maltraiter d'autres animateurs et leurs téléspectateurs. Mais je me suis dit que si on ne faisait rien, si on continuait d'accepter l'inacceptable, si on ne tentait pas de s'insurger et de dénoncer certains excès alors là, en revanche, on était certain que rien ne s'améliorerait jamais !

CHAPITRE 14

Ma vie d'après…

Maintenant que j'ai commencé, je dis bien « commencé », à tourner la page de « Questions pour un champion », que j'ai commencé à faire le deuil de cette émission qui était, je vous le redis, toute mon existence, je sais que je dois inventer ma vie d'après. Même si ce deuil est loin d'être fini tant certaines blessures restent grandes ouvertes...

Comme me l'a si gentiment fait remarquer Nilou Soyeux, la dircom de Delphine Ernotte, je ne suis pas fini ! Mieux vaut en rire qu'en pleurer, non ?... Donc ma vie d'après, je l'ai entamée depuis quelques mois déjà. Et de cette crise, je ressors changé.

J'ai vécu depuis décembre 2015 une expérience extraordinairement forte. Dans le négatif et dans le positif. Sur les plans personnel, professionnel et médiatique, amical aussi. Il y a des gens qui vous aident et qui vous appellent pour vous expliquer combien ils sont touchés alors que vous ne vous y attendiez pas. Il y en a d'autres qui ne vous appellent pas… Il y a des gens qui vous cassent. Qui hurlent avec les loups. C'est tellement facile ! Des proches qui vous trahissent aussi. Une citation de Voltaire est particulièrement adaptée à la situation, et au monde de l'audiovisuel en général : « Mon Dieu, gardez-moi de mes amis, mes ennemis je m'en charge ! » J'ai vu des gens se défiler alors que nous étions très amis. Enfin, le croyais-je… Et qui sont soudain très très amis avec la nouvelle équipe. On peut appeler ça de la lâcheté, un instinct de survie, de l'égoïsme, la nature humaine, comme vous voulez, mais je vous assure que ça fait mal.

Je pense, non sans tristesse, à l'équipe avec laquelle j'ai été si intime, pour certains depuis quinze ou vingt ans, cette équipe que j'ai fait gagner pendant toutes ces années, et dont certains membres m'ont abandonné d'une heure à l'autre. Ces gens qui savaient ce qui se tramait dans mon dos et m'ont laissé enregistrer ma dernière émission en fin de journée ce 2 décembre 2015. Et qui, en plus, sont venus me dire, autour d'un verre de fin d'année, qu'à la rentrée de février, on aurait un nouveau studio et moi une belle loge et un parking. Ce n'est pas de la perversité, ça ? ! Difficile de pardonner…

Et ma patronne Monica Galer qui, soi-disant, a essayé de me défendre mais n'a rien pu faire face au diktat de Dana Hastier… Pourquoi ne m'a-t-elle jamais appelé depuis ? Je l'ai revue une fois chez nos avocats pour une première réunion de conciliation qui n'a débouché sur rien, et c'est tout. Croyez-moi, il faut du temps pour prendre conscience de tout cela et surtout pour le digérer, vivre avec !

*

Ne pas pouvoir dire au revoir aux téléspectateurs qui m'ont suivi vingt-huit ans durant m'a fait mal jusqu'aux larmes. Cette souffrance m'a surpris moi-même. Et aujourd'hui encore, quand j'y repense, mon cœur se serre, je constate aujourd'hui que beaucoup de téléspectateurs qui étaient fidèles au jeu et à qui on n'a pas demandé leur avis, se vengent en ne regardant plus. Et voilà comment on dilapide 50 % de son audience en quelques semaines. Vingt-huit ans de travail pour en arriver là et cinq minutes pour tout gâcher !

En mai dernier, j'ai reçu un coup de fil d'un salarié de FremantleMedia qui m'appelait pour me dire : « Tu sais, ici, ça ne va pas du tout, on va droit dans le mur... » Apparemment, c'était panique à bord.

Déjà, en avril, mon remplaçant avait dû avoir recours à un coach « pour travailler sur l'énergie » comme l'a expliqué France 3, sans que je sache vraiment ce que ça veut dire ! Mais c'est un animateur qu'il faut pour un jeu de ce type, pas un journaliste, aussi talentueux soit-il. Si « Questions » n'a réellement marché qu'en France, c'est que je crois, modestement, avoir su créer un personnage fort pour incarner ce jeu. Il y a quelques années, des Américains de je ne sais plus quelle chaîne sont venus nous voir. Pendant deux mois, ils sont restés dans les studios pour adapter une version américaine. L'animateur sortait d'une téléréalité, ils ont dépensé un argent fou pour ce pilote et n'ont jamais mis le résultat à l'antenne. Parce qu'ils ne l'ont pas senti... Moi, j'ai réussi à imposer une écriture originale dès le premier jour, celui du casting lancé par FR3 en 1988 où nous étions une vingtaine d'animateurs plutôt aguerris. J'avais été choisi à l'unanimité parce qu'ils avaient senti que j'avais trouvé quelque chose. Le verbe « animer » vient du latin *animare* : « donner de la vie, du souffle ». Donner de la vie à un programme implique de savoir créer une tension, savoir capter l'attention des gens. C'est de l'a-ni-ma-tion. Un vrai métier qui ne s'improvise pas ! Si vous vous contentez de lire les questions les unes après les autres, sur un ton monocorde, tout le monde dort. Et c'est fichu !

Donc, grosse inquiétude déjà chez FremantleMedia en avril-mai dernier avec des audiences très faibles, autour de 1,1 million de téléspectateurs. Et puis, au début de l'été 2016, j'apprends que les trois personnes qui m'ont trahi – et que j'ai bien identifiées, même si elles disent le contraire –, ces trois personnes ont été licenciées à leur tour par FremantleMedia. Ils payent sans doute le plongeon de l'audience de l'émission. Pourtant c'est Monica Galer qui aurait dû se remettre d'elle-même en question au lieu de licencier à tour de bras. Pourquoi ? Parce qu'elle a tout cautionné. Aujourd'hui, elle accuse des seconds rôles et n'hésite pas à les renvoyer. Ironie du sort, les lâcheurs sont devenus des fusibles : pour eux aujourd'hui, c'est double peine. On les accuse d'être responsables de l'effondrement de l'audience…

*

Monica Galer devrait donc, elle aussi, en tirer les conséquences… Parce que la faute la plus grave, stratégique et originelle, c'est bien elle qui l'a commise, en ne résistant pas à France 3, en ne défendant pas son émission, son animateur historique, et donc en touchant à l'ADN du jeu. J'ai souvent dit : « Évolutions, oui, révolution, non. » Et c'est bel et bien à une révolution dans le jeu à laquelle on assiste. Du reste, je ne comprends pas bien l'attitude du *board* de Fremantle-Media à Londres et de sa P-DG Cécile Frot-Coutaz qui auparavant avait dirigé FremantleMedia France puis Fremantle-Media États-Unis. Décors changés, animateur remplacé, équipe bouleversée, les résultats sont là, hélas, aveuglants.

Et puis, je ne peux oublier les cinq amis qui ont été virés début 2016 parce qu'ils étaient trop proches de moi, dont William Pinville la voix *off* du jeu depuis des années. Je peux vous dire que tout ça a fait un big-bang incroyable dans les équipes.

Pour moi, l'émission ne peut survivre à autant d'erreurs. Parce que je le redis, l'essence même du jeu a été touchée. Et je dois vous avouer que même si je fais tout pour détourner le regard et tourner la page, je n'ai pas pu m'empêcher de sourire en entendant le contre-feu allumé par Mme Hastier fin juin 2016 sur Europe 1. Elle a commencé par dire qu'elle était très contente du changement parce qu'ils avaient rajeuni l'audience… en passant de 69,2 ans de moyenne d'âge à 67,8 ! Sacrée différence en effet. Les plus de 67,8 ans apprécieront. Puis très contente aussi, parce qu'ils avaient augmenté les recettes publicitaires. Et là, j'aimerais bien qu'on m'explique comment, avec une telle audience, ces recettes peuvent augmenter. Cela ressemblerait à un véritable miracle ! Habiles – ou politiques – tours de passe-passe pour endormir les journalistes et le public.

Tout cela me désole car j'ai adoré ce jeu et je lui ai consacré vingt-huit ans de ma vie. Pour moi, « Questions pour un champion » aujourd'hui est une petite lumière qui s'éteint doucement, très doucement…

*

Désormais, je veux que ma vie d'après soit différente. Je veux travailler dans l'empathie. J'ai tiré beaucoup de leçons de ces mois douloureux et la prochaine fois, c'est certain, je veux absolument travailler avec des gens qui m'aiment, que j'aime et surtout que j'aurai moi-même choisis. Qu'est-ce que je vais faire ? Je n'en sais encore rien. Ou plutôt si, je sais, mais il est encore trop tôt pour le dire. Je souhaite laisser ouverts tous les possibles.

Une seule certitude : je ne deviendrai pas la doublure officielle de l'acteur américain Michael Keaton, même si j'ai appris récemment qu'il avait lui aussi été l'objet des attentions des fans de « Questions pour un champion » tant notre ressemblance a longtemps été frappante ! Un jour, alors qu'il se trouvait en tournage à Nice, des gens lui ont demandé des autographes en le prenant pour moi. Et moi, quand je suis allé à Los Angeles, il y a quelques années, j'ai vécu la situation inverse ! Être le sosie de Batman, ce n'est quand même pas donné à tout le monde.

Alors, à la mi-janvier 2016, quand j'apprends qu'il est de passage à Paris, je me dis que je vais aller le voir et essayer de faire une photo avec lui. Depuis le temps qu'on me parle de mon double hollywoodien !

Ce jour-là, après avoir été fait chevalier des Arts et Lettres par la ministre de la Culture, il est l'invité du JT de 19 h 45 sur M6. Donc, je me rends à l'entrée de M6 avenue Charles-de-Gaulle à Neuilly et je le vois sortir d'une voiture avec une dizaine de personnes autour de lui. Entre les gens de Warner France, ses gardes du corps et les vigiles de M6, c'est une sacrée cohue.

Je suis resté sur le trottoir vingt minutes et finalement, j'ai laissé tomber. Dommage, il était à cinq mètres de moi mais je n'ai pas osé... Donc je n'ai pas eu ma photo. Cela dit, maintenant, ce n'est plus d'actualité parce que, les années passant, la ressemblance est beaucoup moins frappante !

*

Plus sérieusement, tous les gens que je croise me demandent : qu'est-ce que tu vas faire maintenant ? J'ai déjà des projets pour début 2017. Je ne suis pas du genre à me reposer sur mes lauriers, vous l'aurez compris en lisant ce livre. D'autant que vous n'êtes jamais à l'abri d'une explosion en plein vol comme ce qui m'est arrivé en décembre dernier...

Parmi les choses qui m'intéressent vraiment, il y a le *crowdfunding,* cette idée du financement participatif que je trouve très séduisante. Et je voue une admiration sans borne à un homme que l'on a surnommé « le banquier des pauvres », un économiste et entrepreneur du Bangladesh, Muhammad Yunus, inventeur du micro-crédit.

Dès 1976, parce qu'il était horrifié par les ravages de la famine dans son pays, il a fondé la première structure de micro-crédit, la Grameen Bank, *Grameen* signifiant village. Le principe est simple : concéder des micro-prêts de quelques dollars ou quelques dizaines de dollars à des paysans ou à des petits artisans sans demander aucune garantie, aucune caution. Le succès de son concept à travers différents pays en voie de développement, les effets bénéfiques pour les économies locales, le fait que l'immense majorité des emprunteurs remboursaient leur prêt sans aucune difficulté, tout cela lui a valu de recevoir le Prix Nobel de la paix en 2006.

Voilà ce qui m'intéresse dans le *crowdfunding* : aider les autres à se lancer. On nous présente des projets et, après de sérieuses études, on accepte ou on n'accepte pas de les financer. Ça dépend des projets mais aussi des gens qui les portent. Il nous en arrive déjà pas mal. La seule chose que je peux garantir, c'est que nous passons tous les projets au crible[1]. Rien ne garantit le capital investi, donc on prend des risques. Je trouve ça extraordinairement gratifiant.

1. Si vous souhaitez soumettre un projet, écrivez à Julien Lepers à l'adresse internet suivante : contact@guilor.fr

Je suis un vrai passionné d'économie et depuis longtemps. Je suis un habitué de BFM, des *Échos*, de *Challenges*. Je suis même allé en Israël il n'y a pas longtemps, rencontrer Jérémie Berrebi qui est le roi des start-up. Très branché high-tech, il est l'un des *business angels* les plus actifs dans le domaine d'Internet. Il était surpris de me voir. Nous avons passé deux heures passionnantes et nous ne nous quittons plus.

En fait, ma force – et aussi ma faiblesse – est de toucher à tout ! Je suis fasciné par les énergies nouvelles, par exemple. Et par la grande question du moment : le stockage de l'énergie. Il y a par exemple des essais en cours pour récupérer l'énergie qui est captée par ces milliers de kilomètres de route qui sont exposés au soleil dans certaines régions à partir de micro-cristaux injectés dans le bitume. Je crois que Total est en train d'expérimenter ça. Et l'énergie marée motrice est fascinante aussi. Et la biomasse ! Les vrais défis du futur sont là. Et participer à ces aventures en aidant à les financer m'excite beaucoup.

Et bien sûr, j'aimerais aussi aider des artistes, plutôt dans le spectacle vivant. Cet été, j'ai passé quelques jours au festival d'Avignon, absolument bluffé par la diversité et la qualité des spectacles proposés. Entre le *in* et le *off*, il y a plus de mille deux cents spectacles en un mois ! Je fréquente beaucoup les humoristes ces derniers mois. Les jeunes ont un talent stupéfiant. Notamment ceux du Jamel Comedy Club. Quand vous avez vingt-cinq ans en 2016, vous en avez des sujets à saisir, des thèmes porteurs pour un spectacle d'humour !

*

La vérité, c'est que cette liberté totale devenue la mienne aujourd'hui, je veux en profiter sans limite. Je ne veux rien m'interdire comme cette participation cet automne à l'émission « Danse avec les stars » sur TF1 où je serai un candidat comme les autres ! Selon ce que décidera le jury, ça durera deux ou trois prime time. Ou plus, on verra bien. Je sais qu'on ne m'attend pas du tout là et cela m'amuse beaucoup de surprendre.

La moralité de cette histoire, c'est que tout ça m'a obligé à partir vers l'inconnu et m'a ouvert nombre de perspectives. Mon challenge maintenant est de transformer ce gros mal en quelque chose de positif, qui change ma vie dans le bon sens du terme. Un défi à la fois perturbant parce que je pars dans l'inconnu total mais aussi stimulant.

Ma priorité désormais est, je le redis, de ne travailler qu'avec des gens avec lesquels je me sens sur la même longueur d'onde

*

Cette confiance et cette bienveillance, je les ai trouvées par exemple début 2016 avec mon vieux copain belge Alec Mansion qui a réussi à m'embarquer dans l'aventure de son opéra-rock *Hopes*.

Alec est un super auteur-compositeur et interprète surtout connu en France pour le tube *C'est l'amour* sorti en 1987 avec ses deux frères Benoît et Hubert sous le nom Léopold Nord et vous. Un million de disques vendus et un disque d'or ! Il a fait énormément de choses très talentueuses et quand il m'a demandé de rejoindre la troupe de sa comédie musicale, je n'ai pas hésité. D'autant que le thème qui lui a été inspiré par son passage comme directeur musical de l'émission « The Voice-Belgique » me parle tout particulièrement : la dure loi de la téléréalité. On fait rêver des jeunes pour nourrir un programme de télévision et, pour quelques rares réussites, des dizaines se cassent la figure dès que les lumières du studio sont éteintes.

Dans *Hopes,* deux jeunes chanteurs, interprétés par Julie Compagnon et Christophe Gilla qui sont formidables, tombent entre les mains d'un maître-chanteur, moi, qui leur fait miroiter la gloire à la suite d'un casting pour la télévision. On s'en doute : le message me touche tout particulièrement ces temps-ci. La vie ne s'arrête pas à un casting raté, à un refus ou à un échec. Il ne faut jamais cesser de croire en soi !

Nous avons déjà joué à quatre reprises au printemps dernier en Belgique, au Cirque royal de Bruxelles, à Louvain, au Théâtre royal de Namur et au Palais des Beaux-Arts de Charleroi. À chaque fois, l'ambiance était incroyable et j'ai adoré remonter sur scène ! D'autres dates sont à venir et j'espère vraiment que, pourquoi pas, nous jouerons en France bientôt.

*

Ce sont des moments comme ceux-là que je souhaite vivre maintenant. Je veux choisir le concept, les équipes, les chaînes. Que ce soit en télévision, en radio ou dans le spectacle vivant. Je n'ai jamais fait de vrai stand-up mais en même temps quand vous êtes sur scène pour la tournée « Âge tendre et Tête de bois » devant des salles de cinq mille personnes, vous n'êtes pas très loin du one-man-show.

Depuis quelques mois, je rencontre pas mal de gens comme le producteur Michel Nouader, de jeunes artistes aussi qui me donnent des conseils. Oui, je pense que je suis chaud pour monter sur les planches. Le one-man-show, le théâtre, la scène, la musique, la comédie, tout m'intéresse ! Et tout dépendra des personnes que je rencontrerai et avec lesquelles nous déciderons de travailler. Une seule certitude : je ne veux plus jamais m'exposer à une telle désillusion. Je ne me lancerai que si je sens une envie partagée, un désir de travailler en commun et surtout une vraie bienveillance. Pour le plaisir !

ÉPILOGUE

Petit guide de survie dans le marigot audiovisuel

Forcément, en écrivant ce livre, j'ai brassé beaucoup de souvenirs. Des bons et de moins bons. J'ai notamment réalisé à quel point la liste des amis disparus était longue aujourd'hui. Mais aussi que ma vie avait été, jusqu'à présent, riche et belle malgré les blessures et les désillusions. En repensant à cette carrière, à ce parcours qui m'a mené du casting de Radio Monte-Carlo en 1973 à aujourd'hui, je me suis demandé quels conseils je donnerais à un jeune garçon ou à une jeune fille désireux de devenir animateur ou animatrice de télévision ou de radio. Quels conseils pourrais-je lui souffler pour lui transmettre un peu de mon expérience, pour l'aider à faire ses premiers pas dans le métier et surtout pour durer ?

Car c'est bien cela le plus difficile : durer, tout en se remettant en cause sans cesse et en s'imaginant de nouveaux défis. Combien de jeunes comètes ont flambé le temps d'une saison pour disparaître à la rentrée suivante ? Pour un Michel Drucker ou un Patrick Sébastien, combien d'enfants de la télé se sont trop vite brûlé les ailes aux spots des studios ?

Je pense moi, en opposition très claire avec l'air du temps et la vague de jeunisme qui s'est abattue sur notre pays, que la longévité est quelque chose de très précieux et je suis très fier de détenir le record français de longévité pour un animateur d'une émission télévisée quotidienne.

Même si chaque trajectoire est personnelle, je pense déjà qu'il faut avoir la flamme, posséder ce moteur qui permet d'avancer toujours. Malgré les épreuves qui se présentent tout au long d'une carrière. Surtout quand on ne s'y attend pas ! Aimer ce que l'on fait. Parfois jusqu'à l'obsession. La chance arrive vers vous si vous allez vers elle. J'apprécie beaucoup cette phrase de Véronique Sanson qui est aussi le titre d'une de ses plus grandes chansons : « Celui qui n'essaie pas ne se trompe qu'une seule fois ! »

*

Je crois que je dirais aussi à ce jeune garçon ou à cette jeune fille qu'un nouvel animateur qui arrive doit avant tout sortir du lot, avoir sa propre personnalité. S'il se contente d'être une pâle copie de l'un ou de l'autre, il n'a aucune chance de capter le regard puis l'attention et l'affection du public. À la télévision, il faut oser occuper l'écran. Au risque parfois d'en faire un peu trop. Mais le téléspectateur doit sentir votre personnalité. Après, il vous aime ou il ne vous aime pas, mais il ne faut surtout pas être fade. Tout sauf l'indifférence !

Moi, je sais très bien que certains téléspectateurs ne m'aimaient pas (et non, je ne lis pas que les commentaires favorables sur Facebook ou Twitter !), que je les agaçais parfois, mais disons qu'ils aimaient me détester et qu'ils regardaient le jeu aussi pour ça. Et, bien entendu, je jouais de ce personnage imprévisible qui rythmait le jeu, créait des moments de tension pour le dramatiser avant de revenir aussitôt à plus de chaleur et de convivialité.

Quand on me reproche d'avoir fait le show sur le plateau de « Questions pour un champion », c'est qu'on n'a rien compris à l'alchimie d'un jeu télévisé. Mes dix-huit années à RTL, LA radio populaire par excellence, mes vingt-huit années à l'animation d'un jeu télévisé francophone – un des plus regardés dans le monde – me donnent tout de même une certaine expertise, non ?

Autant en tout cas que ces dirigeantes qui n'ont jamais mis les pieds sur un plateau, ou vraiment très peu, et qui décident, à partir d'études nébuleuses et de conversations de couloir, qui, doit ou non incarner la chaîne ! Qui est trop vieux ou trop ringard et doit passer à la trappe ! D'ailleurs, on a vu le résultat ensuite. Les téléspectateurs ne s'y sont pas retrouvés, beaucoup se sont ennuyés et ont changé de chaîne. Parfois même après quinze ou vingt ans de fidélité quotidienne !

*

Dans nos métiers de l'audiovisuel comme dans beaucoup de professions, le travail est également un ingrédient essentiel. Je l'ai déjà dit, derrière toutes les grandes réussites artistiques, il y a beaucoup de travail. Claude François, Johnny Hallyday, Céline Dion, Charles Aznavour, tous les géants sont de gros bosseurs. Michel Drucker ne serait plus là depuis longtemps s'il n'avait pas autant travaillé depuis l'été 1964 et ses débuts en tant que reporter au service des sports de l'ORTF. On dit de lui qu'il passait alors ses jours et ses nuits dans les locaux de la rue Cognacq-Jay dans le 7e arrondissement de Paris.

Il faut aussi savoir évoluer, tenir compte de ce qui se fait ailleurs, de ce qui plaît au public et notamment aux plus jeunes.

Depuis environ deux ans, j'avais amorcé un virage pour aller vers un petit peu plus de drôlerie, d'humour. Parce que l'époque et les goûts des téléspectateurs sont forcément marqués par le style d'un Cyril Hanouna et de son « Touche pas à mon poste » sur D8. Il a fait très fort sur le plan de la décontraction, sans doute trop parfois, mais j'ai senti que vu la tendance générale, on allait échouer si je continuais à rester trop sérieux face aux candidats de « Questions pour un champion ».

Alors bien sûr, il y a le jeu lui-même et sa mécanique de précision si bien huilée, et dans les phases de jeu, il faut savoir rester extrêmement concentré et ne pas perturber les candidats plus qu'ils ne le sont déjà par le trac. C'est ce que je faisais depuis deux saisons, en soufflant le *show* et le froid selon les temps de l'émission.

Après, et on l'a vu avec ma mésaventure, assurer une bonne audience sur sa tranche horaire ne suffit pas forcément pour survivre. Pourtant le seul juge de paix, quand on respecte le cahier des charges de sa chaîne, ça devrait être ça, non ?

Nous rassemblions entre 1,7 et 2 millions de fidèles tous les jours à 18 heures avec une part de marché à 12-13 % alors que la part de marché moyenne de France 3 est à 9 %. Avec une émission culturelle grand public qui correspond exactement aux missions d'une chaîne de service public. Avec un jeu de connaissances sans fric et sans bimbo ! Jolie performance non ? Sur une chaîne qui, selon moi, a trois missions prioritaires : divertir, instruire et informer. Là, on est dans le divertissement culturel qui instruit le public et l'informe sur l'actualité ou l'histoire contemporaine. J'avais le sentiment, en animant ce jeu, de participer pleinement à notre mission de service public, à notre démocratie même.

*

L'autre conseil que je donnerais peut-être à cet aspirant animateur : prévoir les coups durs et consolider sa position en devenant producteur ou coproducteur de son émission.

Quand on se penche sur ce qui se passe depuis des mois dans les coulisses de France Télévisions, depuis que Delphine Ernotte a donné le signal de départ de « la chasse à l'homme blanc de plus de cinquante ans », on se dit qu'il vaut mieux être producteur de son émission qu'un simple animateur, aussi populaire soit-il. Lequel est plus facile à virer. D'une heure à l'autre, comme ça m'est arrivé. Mais moi je l'ai senti comme ça, je n'ai jamais voulu être producteur. De toute façon, FremantleMedia en vingt-huit ans ne me l'a pas proposé...

J'ai choisi (naïvement ?) de consacrer toutes mes forces à l'animation de ce jeu. J'estimais que j'avais une bonne équipe de production derrière moi et que ce n'était pas la peine que je m'en mêle ! De temps en temps, je donnais mon avis sur tel ou tel aspect mais sans plus. Sans doute aurais-je dû être moins confiant, plus vigilant aussi...

« Alors comment faut-il faire pour survivre dans ce marigot ? » me demanderait sûrement ce jeune futur animateur. Sans doute pas comme moi ! Je suis simplement resté fidèle à mes convictions, je n'ai pas essayé de traîner dans les couloirs de la direction, de plaire à X ou à Y dans les hautes sphères de France 3. Ce n'est pas mon genre. Je ne suis pas un homme de réseau sinon je n'en serais pas là aujourd'hui. Je suis resté à ma place et j'ai travaillé avec cœur, ayant bien conscience que mes vrais employeurs, c'était vous, vous mes téléspectateurs.

Et à cet égard, si j'en crois vos courriers et vos messages, c'est plutôt un plébiscite…

Arrivé à la fin de ce livre, je veux relativiser et rappeler qu'en restant moi-même, j'ai quand même réussi un joli bout de chemin depuis mes débuts devant les caméras en mars 1975 invité par le grand Guy Lux dans son émission « Ring Parade ».

Toute ces années m'ont vu traverser les modes et les époques avec, je vous l'assure, toujours la même passion et la même sincérité. Si c'était à refaire, je ne changerais rien. Au fond de moi, je sais que j'ai eu raison. Je n'oublie pas que, si la télé est dans ma vie, ma vie n'est pas la télé. Je crois que mes enfants peuvent être fiers. Aujourd'hui, rien d'autre ne compte.

Table

Prologue 9
Chapitre 1. Haute trahison 21
Chapitre 2. La solitude, ça existe 33
Chapitre 3. L'exécution 49
Chapitre 4. Tout pour la musique 63
Chapitre 5. La deuxième lame 85
Chapitre 6. De la fac de droit au micro de RMC 95
Chapitre 7. Le coup de grâce 111
Chapitre 8. Mes années RTL 125
Chapitre 9. Le bal des faux-culs 149
Chapitre 10. Enfant de la télé 173
Chapitre 11. « L'homme, blanc, de plus de cinquante ans » ne se laissera pas faire ! 195
Chapitre 12. « Questions pour un champion », ma plus belle aventure .. 211
Chapitre 13. Les mauvaises manières, ça continue ! 237
Chapitre 14. Ma vie d'après… 251
Épilogue. Petit guide de survie dans le marigot audiovisuel 269

Mise en page par
Pixellence/Meta-systems
59100 Roubaix

CET OUVRAGE
A ÉTÉ ACHEVÉ D'IMPRIMER
SUR ROTO-PAGE
PAR L'IMPRIMERIE FLOCH
À MAYENNE EN SEPTEMBRE 2016

N° d'édition : L.01ELKN000624.N001. N° d'impression : 90058
Dépôt légal : octobre 2016
Imprimé en France